# TRANZLATY

Language is for everyone

ژبه د هر چا لپاره ده

# The Little Mermaid

وړه متسيستری

# Hans Christian Andersen

هانس کریستین اندرسن

English / پښتو

Copyright © 2023 Tranzlaty
All rights reserved.
Published by Tranzlaty
ISBN: 978-1-83566-959-4
**Original text by Hans Christian Andersen**
Den Lille Havfrue
First published in Danish in 1837
**www.tranzlaty.com**

## The Sea King's Palace
## د سمندر پاچا مانی

Far out in the ocean, where the water is blue
لرې په سمندر کې، چېرې چې اوبه نیلي دي
here the water is as blue as the prettiest cornflower
دلته اوبه د تر تولو ښکلي جوار گل په څېر نیلي دي
and the water is as clear as the purest crystal
او اوبه د خالص کرستال په څېر روښانه دي
this water, far out in the ocean is very, very deep
دا اوبه، په بحر کې لرې، ډېرې ژورې دي
water so deep, indeed, that no cable could reach the bottom
اوبه دومره ژورې، په حقیقت کې، چې هیڅ کیبل لاندې ته نشي رسیدلی
you could pile many church steeples upon each other
تاسو کولی شئ په یو بل باندې ډیری کلیسا ډنډونه وخورئ
but all the churches could not reach the surface of the water
خو ټولې کلیساگانې د اوبو سطحې ته نه شي رسیدلی
There dwell the Sea King and his subjects
هلته د سمندر پاچا او د هغه تابعین اوسیږي
you might think it is just bare yellow sand at the bottom
تاسو شاید فکر وکړئ چې دا یوازې په ښکته کې ژیړ شګه ده
but we must not imagine that there is nothing there
مگر موږ باید دا تصور ونه کړو چې هلته هیڅ شی شتون نلري
on this sand grow the strangest flowers and plants
په دې شګه کې خورا عجیب گلونه او بوټي وده کوي
and you can't imagine how pliant the leaves and stems are
او تاسو تصور نشئ کولی چې پاڼي او ډډونه څومره نرم وي
the slightest agitation of the water causes the leaves to stir
د اوبو لږ حرکت د پاڼو د مینځلو لامل کیږي
it is as if each leaf had a life of its own
دا داسې ده لکه هر پاڼې خپل ژوند درلود
Fishes, both large and small, glide between the branches
کبان، دواړه لوی او واړه، د څانگو په منځ کې تیریږي
just like when birds fly among the trees here upon land
لکه کله چې مرغان دلته په ځمکه کې د ونو په مینځ کې الوتنه کوي

**In the deepest spot of all stands a beautiful castle**
د تولو ژور ځای کې یو ښکلی کلا ولاړه ده
**this beautiful castle is the castle of the Sea King**
دا ښکلې کلا د سمندر پاچا کلا ده
**the walls of the castle are built of coral**
د کلا دیوالونه د مرجان څخه جوړ شوي دي
**and the long Gothic windows are of the clearest amber**
او اوږدې گوتیک کړکی تر تولو روښانه امبر دي
**The roof of the castle is formed of sea shells**
د کلا چت د سمندري مرمیو څخه جوړ شوی دی
**and the shells open and close as the water flows over them**
او گولی خلاصیږي او تړل کیږي کله چې اوبه په دوی باندې تیریږي
**Their appearance is more beautiful than can be described**
د دوی بڼه د بیان کولو په پرتله خورا ښکلې ده
**within each shell there lies a glittering pearl**
د هرې خولی دننه یو ځلیدونکی موتی پروت دی
**and each pearl would be fit for the diadem of a queen**
او هر موتی به د ملکې د دیم لپاره مناسب وي

**The Sea King had been a widower for many years**
د سمندر پاچا د ډیرو کلونو لپاره کونډه وه
**and his aged mother looked after the household for him**
او د هغه بوډا مور د هغه لپاره د کور ساتنه کوله
**She was a very sensible woman**
هغه ډیره هوښیاره ښځه وه
**but she was exceedingly proud of her royal birth**
مگر هغه په خپل شاهي زیږون ډیر ویاړي
**and on that account she wore twelve oysters on her tail**
او په دې حساب هغې په لکی کې دولس سیپونه اغوستي وو
**others of high rank were only allowed to wear six oysters**
نورو لوړ رتبه کسانو ته یوازې د شپږ سیپونو اغوستلو اجازه درلوده
**She was, however, deserving of very great praise**
په هرصورت، هغه د ډیرې ستاینې وړ وه
**there was something she especially deserved praise for**
دلته یو څه و چې هغه په ځانگړي ډول د ستاینې وړ وه
**she took great care of the little sea princesses**

هغې د کوچني سمندري شهزادګانو ډیره پاملرنه وکړه
she had six granddaughters that she loved
هغې شپږ لمسیان درلودل چې مینه یې درلوده
all the sea princesses were beautiful children
د سمندر ټولې شهزادګۍ ښکلې ماشومان وې
but the youngest sea princess was the prettiest of them
خو تر ټولو ځوانه سمندري شهزادګۍ په دوی کې تر ټولو ښکلې وه
Her skin was as clear and delicate as a rose leaf
د هغې پوټکی د ګلاب پاڼې په څیر روښانه او نازک و
and her eyes were as blue as the deepest sea
او د هغې سترګې د ژور سمندر په څیر نیلي وې
but, like all the others, she had no feet
مګر، د نورو ټولو په څیر، هغې هیڅ پښه نه درلوده
and at the end of her body was a fish's tail
او د هغې د بدن په پای کې د ماهي لکۍ وه

All day long they played in the great halls of the castle
دوی ټوله ورځ د سلطنت په لوی تالار کې لوبې کولې
out of the walls of the castle grew beautiful flowers
د کلا له دیوالونو څخه ښکلي ګلان راوتلي وو
and she loved to play among the living flowers
او هغې د ژوندیو ګلونو په مینځ کې لوبې کول خوښ کړل
The large amber windows were open, and the fish swam in
د امبر لويې کړکۍ خلاصې وې، او کبونه لامبو وهل
it is just like when we leave the windows open
دا لکه څنګه چې موږ کړکۍ خلاص پرېږدو
and then the pretty swallows fly into our houses
او بیا ښایسته تیغونه زموږ کورونو ته الوتنه کوي
only the fishes swam up to the princesses
یوازې ماهیانو لامبو وهلې شهزادګانو ته
they were the only ones that ate out of her hands
دوی یوازینی و چې د هغې له لاسونو یې وخوړل
and they allowed themselves to be stroked by her
او دوی اجازه ورکړه چې د هغې لخوا ودرول شي

Outside the castle there was a beautiful garden

د کلا نه بهر يو ښکلی باغ و
in the garden grew bright-red and dark-blue flowers
په باغ کې روښانه - سور او تياره نيلي ګلونه وده وکړه
and there grew blossoms like flames of fire
او د اور د لمبو په شان ګلان پيدا شول
the fruit on the plants glittered like gold
د بوټو ميوه د سرو زرو په څير ځليدله
and the leaves and stems continually waved to and fro
او پاڼي او ډډونه په پرله پسې توګه خواته ځي
The earth on the ground was the finest sand
د ځمکې پر سر تر ټولو ښه شګه وه
but this sand does not have the colour of the sand we know
مګر دا شګه د شګو رنګ نلري چې موږ پوهيږو
this sand is as blue as the flame of burning sulphur
دا شګه د سوځيدونکي سلفر د اور په څير نيلي ده
Over everything lay a peculiar blue radiance
په هر څه کې يو ځانګړی نيلي رڼا واچوله
it is as if the blue sky were everywhere
دا داسې ده لکه نيلي آسمان هر ځای و
the blue of the sky was above and below
د آسمان نيلي پورته او لاندې وه
In calm weather the sun could be seen
په آرامه هوا کې لمر ليدل کيدی شي
from here the sun looked like a reddish-purple flower
له دې ځايه لمر د سور ارغواني ګل په څير ښکاري
and the light streamed from the calyx of the flower
او رڼا د ګل د کيليکس څخه راوتله

the palace garden was divided into several parts
د ماڼی باغ په څو برخو ويشل شوی و
Each of the princesses had their own little plot of ground
هرې شهزادګۍ خپله کوچنۍ ځمکه درلوده
on this plot they could plant whatever flowers they pleased
په دې پلاټ کې دوی کولی شي هر هغه ګلونه وکري چې دوی يې خوښوي
one princess arranged her flower bed in the form of a whale

یوې شهزادګۍ خپل د ګل بستر د وییل په بڼه ترتیب کړ
one princess arranged her flowers like a little mermaid
یوې شهزادګۍ خپل ګلونه د یوې وړې مرمۍ په څیر تنظیم کړل
and the youngest child made her garden round, like the sun
او تر ټولو کوچنۍ ماشوم خپل باغ د لمر په څیر ګرد کړ
and in her garden grew beautiful red flowers
او د هغې په باغ کې ښکلي سور ګلونه وده وکړه
these flowers were as red as the rays of the sunset
دا ګلونه د لمر د وړانګو په څیر سور وو

She was a strange child; quiet and thoughtful
هغه عجیبه ماشومه وه؛ خاموش او فکر کوونکی
her sisters showed delight at the wonderful things
د هغې خویندو په زړه پورې شیان خوښ کړل
the things they obtained from the wrecks of vessels
هغه شیان چې دوی د کښتیو له ویجاړیو څخه ترلاسه کړي
but she cared only for her pretty red flowers
مګر هغې یوازې د خپلو ښکلي سور ګلونو پاملرنه وکړه
although there was also a beautiful marble statue
که څه هم هلته د مرمر یوه ښکلې مجسمه هم وه
the statue was the representation of a handsome boy
مجسمه د یو ښکلي هلک استازیتوب وه
the boy had been carved out of pure white stone
هلک د خالص سپیني دبرې څخه جوړ شوی و
and the statue had fallen to the bottom of the sea from a wreck
او مجسمه د کندوالي څخه د سمندر لاندې غورځېدلې وه
for this marble statue of a boy she cared about too
د یو هلک د دې مرمر مجسمې لپاره چې هغې هم پاملرنه کوله

She planted, by the statue, a rose-colored weeping willow
هغې د مجسمې په خوا کې یو ګلابي رنګه ژاولې ولګولې
and soon the weeping willow hung its fresh branches over the statue
او ژر د ژړا ویالو خپل تازه څانګې د مجسمې په سر ځړولې
the branches almost reached down to the blue sands

ځانګي نړدې نیلي شګو ته رسیدلي
The shadows of the tree had the color of violet
د ونې سیورې د بنفش رنګ درلود
and the shadows waved to and fro like the branches
او سیورې د ځانګو په څیر په خوا کې ځپې وهلې
all of this created the most interesting illusion
دې ټولو تر ټولو په زړه پورې برم رامنځته کړ
it was as if the crown of the tree and the roots were playing
دا داسې وه لکه د ونې تاج او ریښې لوبې کوي
it looked as if they were trying to kiss each other
داسې ښکاریده چې دوی هڅه کوي یو بل ښکل کړي

her greatest pleasure was hearing about the world above
د هغې ترټولو لوی خوند د پورته نړۍ په اړه اوریدل و
the world above the deep sea she lived in
د ژور سمندر څخه پورته نړۍ چې هغه په کې ژوند کاوه
She made her old grandmother tell her all about the upper world
هغې خپل زوړ انا ته د پورتنۍ نړۍ په اړه ټول معلومات ورکړل
the ships and the towns, the people and the animals
کښتۍ او ښارونه، خلک او حیوانات
up there the flowers of the land had fragrance
هلته د ځمکې د ګلانو خوشبویي وه
the flowers below the sea had no fragrance
د سمندر لاندې ګلونو هیڅ بوی نه درلود
up there the trees of the forest were green
هلته د ځنګل ونې شنې وې
and the fishes in the trees could sing beautifully
او په ونو کې ماهیانو په زړه پورې سندرې ویلې
up there it was a pleasure to listen to the fish
هلته د ماهي په اوریدلو کې ډیر خوښ و
her grandmother called the birds fishes
د هغې نیا مرغانو ته ماهیان ویل
else the little mermaid would not have understood
که نه نو وړه مرمید به نه پوهیده
because the little mermaid had never seen birds

ځکه چې وړې مرمیډ هیڅکله مرغان نه وو لیدلي

her grandmother told her about the rites of mermaids
د هغې نیا هغې ته د میرمني د مراسمو په اړه وویل
"one day you will reach your fifteenth year"
"یوه ورځ به تاسو پنځلس کلنۍ ته ورسیږئ"
"then you will have permission to go to the surface"
"نو تاسو به اجازه ولرئ چې سطح ته لاړ شئ"
"you will be able to sit on the rocks in the moonlight"
"تاسو کولی شئ د سپوږمۍ په رڼا کې په ډبرو کې ناست شئ"
"and you will see the great ships go sailing by"
"او تاسو به وګورئ چې لوی کښتۍ تیریږي "
"Then you will see forests and towns and the people"
"بیا به تاسو ځنګلونه او ښارونه او خلک وګورئ"

the following year one of the sisters was going to be fifteen
راتلونکی کال یوه خور پنځلس کلنه وه
but each sister was a year younger than the other
خو هره خور له بلې څخه یو کال کوچنۍ وه
the youngest sister was going to have to wait five years before her turn
تر ټولو کوچنۍ خور باید د خپل وار څخه پنځه کاله انتظار وکړي
only then could she rise up from the bottom of the ocean
یوازې بیا هغه کولی شي د بحر له لاندې څخه پورته شي
and only then could she see the earth as we do
او یوازې بیا هغه کولی شي ځمکه وګوري لکه څنګه چې موږ کوو
However, each of the sisters made each other a promise
په هرصورت، هرې خویندې یو بل ته ژمنې وکړې
they were going to tell the others what they had seen
دوی به نورو ته هغه څه ووايي چې دوی لیدلي دي
Their grandmother could not tell them enough
د دوی نیا دوی ته کافي نه شي ویلای
there were so many things they wanted to know about
دلته ډیر شیان وو چې دوی یې غوښتل پوه شي

the youngest sister longed for her turn the most

تر ټولو کوچنۍ خور د هغې د بدلیدو لپاره ډیره هیله درلوده
but, she had to wait longer than all the others
مګر ، هغه باید د نورو ټولو په پرتله ډیر انتظار وکړي
and she was so quiet and thoughtful about the world
او هغه ډیره خاموشه او د نړۍ په اړه فکر کوونکې وه
there were many nights where she stood by the open window
هلته ډیرې شپې وې چې هغه د خلاصې کړکۍ تر څنګ ولاړه وه
and she looked up through the dark blue water
او هغې د تیاره نیلي اوبو له لارې پورته وکتل
and she watched the fish as they splashed with their fins
او هغې ماهي ته وکتل کله چې دوی د خپلو پنډو سره ویشل
She could see the moon and stars shining faintly
هغې سپوږمۍ او ستوري په بې خوبۍ سره لیدل
but from deep below the water these things look different
مګر د اوبو له ژورو څخه دا شیان مختلف ښکاري
the moon and stars looked larger than they do to our eyes
سپوږمۍ او ستوري زموږ د سترګو په پرتله لوی ښکاري
sometimes, something like a black cloud went past
ځینې وختونه، د تور وریځې په څیر یو څه تیریدل
she knew that it could be a whale swimming over her head
هغه پوهیده چې دا کیدای شي د هغې په سر کې د ویلو لامبو وهي
or it could be a ship, full of human beings
یا کیدای شي یوه کښتۍ وي، له انسانانو ډکه وي
human beings who couldn't imagine what was under them
انسانان چې د دوی لاندې څه تصور نه شي کولی
a pretty little mermaid holding out her white hands
یو ښکلی کوچنی متسیری خپل سپین لاسونه نیولی دی
a pretty little mermaid reaching towards their ship
یوه ښکلې کوچنۍ مرمیډ د دوی کښتۍ ته رسي

## The Little Mermaid's Sisters

د کوچني مرمید خویندې

The day came when the eldest mermaid had her fifteenth birthday

هغه ورځ راغله چې مشرې میرمنې د هغې پنځلسمه کلیزه درلوده

now she was allowed to rise to the surface of the ocean

اوس هغې ته اجازه ورکړل شوه چې د سمندر سطحې ته پورته شي

and that night she swum up to the surface

او هغه شپه هغه سطحې ته لامبو وهله

you can imagine all the things she saw up there

تاسو کولی شئ ټول هغه شیان تصور کړئ چې هغې هلته ولیدل

and you can imagine all the things she had to talk about

او تاسو کولی شئ ټول هغه شیان تصور کړئ چې هغې یې په اړه خبرې کولې

But the finest thing, she said, was to lie on a sand bank

مګر ترټولو ښه شی، هغې وویل، د شګو په غاړه کې پروت و

in the quiet moonlit sea, near the shore

په ارامه سپوږمۍ بحر کې، ساحل ته نږدې

from there she had gazed at the lights on the land

له هغه ځایه هغې په ځمکه کې څراغونو ته وکتل

they were the lights of the near-by town

دوی د نږدې ښار څراغونه وو

the lights had twinkled like hundreds of stars

څراغونه د سلګونو ستورو په څیر ځلیدل

she had listened to the sounds of music from the town

هغې د ښار څخه د موسیقۍ غږونه اوریدلي وو

she had heard noise of carriages drawn by their horses

هغې د آسونو له خوا د ګاډو د راښکته کیدو غږ اوریدلی و

and she had heard the voices of human beings

او هغې د انسانانو غږونه اوریدلي وو

and the had heard merry pealing of the bells

او د زنګونونو د خوښۍ غږ یې اوریدلی و

the bells ringing in the church steeples

د کلیسا په څنډو کې زنګونه وهل

but she could not go near all these wonderful things

مګر هغې نشو کولی دې تولو حیرانو شیانو ته نږدې شي
so she longed for these wonderful things all the more
نو هغې د دې په زړه پورې شیانو په لټه کې وه

you can imagine how eagerly the youngest sister listened
تاسو تصور کولی شئ چې ترټولو کوچنۍ خور څومره لیوالتیا اوریدلې
the descriptions of the upper world were like a dream
د پورتنۍ نړۍ توضیحات د خوب په څیر وو
afterwards she stood at the open window of her room
وروسته هغه د خپلې کوټې په پرانستې کړکۍ کې ودرېده
and she looked to the surface, through the dark-blue water
او هغې سطحې ته وکتل، د تیاره نیلي اوبو له لارې
she thought of the great city her sister had told her of
هغې د هغه لوی ښار په اړه فکر وکړ چې خور یې ورته ویلي و
the great city with all its bustle and noise
لوی ښار د خپل ټول شور او شور سره
she even fancied she could hear the sound of the bells
هغې حتی فکر کاوه چې د زنګونو غږ اوریدلی شي
she imagined the sound of the bells carried to the depths of the sea
هغې د بحر ژورو ته د زنګونو غږ تصور کړ

after another year the second sister had her birthday
یو کال وروسته د دویمې خور د کلیزې ورځ وه
she too received permission to swim up to the surface
هغې هم اجازه ترلاسه کړه چې سطحې ته لامبو وهي
and from there she could swim about where she pleased
او له هغه ځایه هغې کولی شي په هغه ځای کې لامبو وهي چې خوښه یې وي
She had gone to the surface just as the sun was setting
هغه د لمر د لوېدو په وخت کې سطحې ته تللې وه
this, she said, was the most beautiful sight of all
هغې وویل، دا تر ټولو ښکلی لید و
The whole sky looked like a disk of pure gold
ټول آسمان د خالص سرو زرو دیسک په څیر ښکاري
and there were violet and rose-colored clouds

او هلته ارغواني او گلابي وريځې وې
they were too beautiful to describe, she said
هغې وويل چې دوی د تشريح کولو لپاره خورا ښکلي وو
and she said how the clouds drifted across the sky
هغې وويل چې څنګه وريځې په اسمان کې تيريږي
and something had flown by more swiftly than the clouds
او يو څه د وريځو په پرتله په چټکۍ سره الوتنه کوله
a large flock of wild swans flew toward the setting sun
د وحشيانو يوه لويه رمه د لمر د لويدو په لور الوتله
the swans had been like a long white veil across the sea
سوان د سمندر په اوږدو کې د يوې اوږدې سپينې پردې په څير و
She had also tried to swim towards the sun
هغې هم د لمر په لور د لامبو هڅه کړې وه
but some distance away the sun sank into the waves
مګر يو څه ليرې لمر په څپو کې ډوب شو
she saw how the rosy tints faded from the clouds
هغې وليدل چې څنګه د وريځو څخه ګلابي رنګونه ورک شوي
and she saw how the colour had also faded from the sea
او هغې وليدل چې رنګ يې هم د بحر څخه ورک شو

the next year it was the third sister's turn
بل کال دا د دريمې خور وار و
this sister was the most daring of all the sisters
دا خور د ټولو خويندو تر ټولو زړوره وه
she swam up a broad river that emptied into the sea
هغې يو پراخ سيند ته لامبو وهله چې بحر ته خالي شوه
On the banks of the river she saw green hills
د سيند په غاړه هغې شنې غونډۍ وليدلې
the green hills were covered with beautiful vines
شنه غونډۍ په ښکلو تاکونو پوښلې وې
and on the hills there were forests of trees
او په غرونو کې د ونو ځنګلونه وو
and out of the forests palaces and castles poked out
او د ځنګلونو څخه ماڼۍ او کلاګانې راوتلې
She had heard birds singing in the trees
هغې په ونو کې د مرغانو سندرې اوريدلې وې

and she had felt the rays of the sun on her skin
او هغې په خپل پوتکي د لمر وړانګې احساس کړې وې
the rays were so strong that she had to dive back
وړانګې دومره قوي وې چې هغې باید بیرته ډوب کړي
and she cooled her burning face in the cool water
او هغې خپل سوځیدلی مخ په یخ اوبو کې یخ کړ
In a narrow creek she found a group of little children
په یوه تنګ سیند کې هغې د کوچنیو ماشومانو یوه ډله وموندله
they were the first human children she had ever seen
دوی لومړني انساني ماشومان وو چې هغې کله هم لیدلي وو
She wanted to play with the children too
هغې غوښتل چې د ماشومانو سره هم لوبې وکړي
but the children fled from her in a great fright
خو ماشومان له هغې څخه په ډیرې وېرې وتښتېدل
and then a little black animal came to the water
او بیا یو کوچنی تور حیوان اوبو ته راغی
it was a dog, but she did not know it was a dog
دا یو سپی و، مګر هغه نه پوهیده چې دا سپی دی
because she had never seen a dog before
ځکه چې هغې مخکې هیڅکله سپی نه و لیدلی
and the dog barked at the mermaid furiously
او سپي په غوسه په مرمیډ وخندل
she became frightened and rushed back to the open sea
هغه ویره شوه او بیرته خلاص سمندر ته لاړه
But she said she should never forget the beautiful forest
خو هغې وویل چې هغه باید هیڅکله ښکلی ځنګل هیر نکړي
the green hills and the pretty children
شنه غونډۍ او ښکلي ماشومان
she found it exceptionally funny how they swam
هغې دا په غیر معمولي ډول مسخره وموندله چې دوی څنګه لامبو وهي
because the little human children didn't have tails
ځکه چې کوچني انساني ماشومان لکۍ نه لري
so with their little legs they kicked the water
نو دوی په خپلو کوچنیو پښو اوبه وویشتلې

The fourth sister was more timid than the last

ځلورمه خور د تيرې په پرتله ډيره ويره وه
She had decided to stay in the midst of the sea
هغې پريکړه کړې وه چې د سمندر په مينځ کې پاتې شي
but she said it was as beautiful there as nearer the land
مګر هغې وويل چې دا هلته د ځمکې سره نږدې ښکلې وه
from the surface she could see many miles around her
له سطحې څخه هغې د هغې شاوخوا ډيرې ميلونه ليدلی شي
the sky above her looked like a bell of glass
د هغې پورته آسمان د شيشې زنګ په څير ښکاري
and she had seen the ships sail by
او هغې کښتۍ ليدلې وې چې تيريږي
but the ships were at a very great distance from her
مګر کښتۍ د هغې څخه ډير ليرې وې
and, with their sails, the ships looked like sea gulls
او، د خپلو کښتيو سره، کښتۍ د سمندري ګولونو په څير ښکاري
she saw how the dolphins played in the waves
هغې وليدل چې دالفين څنګه په څپو کې لوبې کوي
and great whales spouted water from their nostrils
او لويو ويلونو د خپلو پوزې څخه اوبه تويولې
like a hundred fountains all playing together
لکه سل چشمې چې ټول يوځای لوبې کوي

The fifth sister's birthday occurred in the winter
د پنځمې خور د زوکړې ورځ په ژمي کې وشوه
so she saw things that the others had not seen
نو هغې هغه شيان وليدل چې نورو يې نه وو ليدلي
at this time of the year the sea looked green
د کال په دې وخت کې سمندر شنه ښکاري
large icebergs were floating on the green water
په شنو اوبو کې لويې يخنۍ تيرې وې
and each iceberg looked like a pearl, she said
او هر يو يخ د موتی په څير ښکاريده، هغې وويل
but they were larger and loftier than the churches
مګر دوی د کليساګانو په پرتله لوی او لوړ وو
and they were of the most interesting shapes
او دوی د خورا زړه پورې شکلونو څخه وو

and each iceberg glittered like diamonds
او هر یخ برگ د الماس په څیر روښانه شو
She had seated herself on one of the icebergs
هغې ځان په یوه یخ کنده کې ناست و
and she let the wind play with her long hair
او هغې باد ته اجازه ورکړه چې د خپلو اوږد ویښتو سره لوبې وکړي
She noticed something interesting about the ships
هغې د کښتیو په اړه یو څه په زړه پوري ولیدل
all the ships sailed past the icebergs very rapidly
ټولې کښتۍ په ډیره چټکۍ سره د یخ کندې څخه تیریدل
and they steered away as far as they could
او تر هغه چې دوی کولی شي لرې شي
it was as if they were afraid of the iceberg
دا داسې وه لکه څنګه چې دوی د یخ کندې څخه ویره لري
she stayed out at sea into the evening
هغه تر ماښامه بهر په سمندر کې پاتې شوه
the sun went down and dark clouds covered the sky
لمر راښکته شو او تورو وریځو اسمان پټ کړ
the thunder rolled across the ocean of icebergs
تندر د یخ کندې په سمندر کې تیر شو
and the flashes of lightning glowed red on the icebergs
او د برښنا څراغونه په یخونو کې سور روښانه شول
and the icebergs were tossed about by the heaving sea
او د یخ کندکونه د آسماني بحر لخوا وغورځول شول
the sails of all the ships were trembling with fear
د ټولو کښتیو بیړۍ په ویره لړزیدلې وې
and the mermaid sat calmly on the floating iceberg
او مرمید په آرامۍ سره په یخنۍ کې ناست و
and she watched the lightning strike into the sea
او هغې په سمندر کې د برښنا برید ولید

All of her five older sisters had grown up now
د هغې ټولې پنځه لویې خویندې اوس لویې شوې وې
therefore they could go to the surface when they pleased
نو دوی کولی شي سطح ته لاړ شي کله چې دوی خوښ وي
at first they were delighted with the surface world

په لومړي سر کې دوی د سطحې نړۍ سره خوښ وو
they couldn't get enough of the new and beautiful sights
دوی نشي کولی د نوي او ښکلي لیدونو څخه کافي ترلاسه کړي
but eventually they all grew indifferent towards the upper world
مګر بالاخره دوی ټول د پورتنۍ نړۍ په وړاندې بې پروا شول
and after a month they didn't visit the surface world much at all anymore
او د یوې میاشتې وروسته دوی نور د سطحې نړۍ څخه لیدنه نه ده کړې
they told their sister it was much more beautiful at home
دوی خپلې خور ته وویل چې دا په کور کې ډیر ښکلی دی

Yet often, in the evening hours, they did go up
بیا هم ډیری وختونه، د ماښام په ساعتونو کې، دوی پورته تلل
the five sisters twined their arms round each other
پنځه خویندو خپل لاسونه د یو بل په شاوخوا کې ودرول
and together, arm in arm, they rose to the surface
او یوځای، په لاس کې لاسونه، دوی سطح ته پورته شول
often they went up when there was a storm approaching
ډیری وختونه دوی پورته تلل کله چې طوفان نږدې و
they feared that the storm might win a ship
دوی ویره درلوده چې طوفان به یوه کښتۍ وګټي
so they swam to the vessel and sung to the sailors
نو دوی کښتۍ ته لامبو وهل او ملایانو ته یې سندرې ویلې
Their voices were more charming than that of any human
د دوی غږونه د هر انسان په پرتله ډیر زړه راښکونکي وو
and they begged the voyagers not to fear if they sank
او له مسافرو څخه یې غوښتنه وکړه چې د ډوبېدو په صورت کې مه وېرېږئ
because the depths of the sea was full of delights
ځکه چې د سمندر ژورې له خوښیو ډکې وې
But the sailors could not understand their songs
خو ملایان د دوی په سندرو پوه نشول
and they thought their singing was the sighing of the storm
او دوی فکر کاوه چې د دوی سندرې د طوفان ساه وه
therefore their songs were never beautiful to the sailors

له همدې امله د دوی سندرې هیڅکله د ملایانو لپاره ښکلې نه وې
because if the ship sank the men would drown
ځکه چې که کښتۍ ډوبه شي نو سړي به ډوب شي
the dead gained nothing from the palace of the Sea King
مړو د سمندر د پاچا له ماڼۍ څخه هیڅ تر لاسه نه کړل
but their youngest sister was left at the bottom of the sea
خو د دوی تر ټولو کوچنۍ خور د سمندر په ښنده کې پاتې شوه
looking up at them, she was ready to cry
دوی ته یې وکتل، هغه ژړا ته چمتو وه
you should know mermaids have no tears that they can cry
تاسو باید پوه شئ چې مرمیډز هیڅ اوښکې نلري چې دوی ژاړي
so her pain and suffering was more acute than ours
نو د هغې درد او رنځ زموږ په پرتله خورا شدید و
"Oh, I wish I was also fifteen years old!" said she
"ای کاش زه هم پنځلس کلن وای"! هغې وویل
"I know that I shall love the world up there"
"زه پوهیږم چې زه به هلته نړۍ سره مینه وکړم"
"and I shall love all the people who live in that world"
"او زه به له ټولو هغو خلکو سره مینه وکړم چې په دې نړۍ کې ژوند کوي"

## The Little Mermaid's Birthday
## د کوچني مرمید د زیږون ورځ

but, at last, she too reached her fifteenth birthday

خو بالاخره هغه هم خپله پنځلسمه کلیزه راورسوله

"Well, now you are grown up," said her grandmother

د هغې نیا وویل" :ښه، تاسو اوس لوی شوي یاست".

"Come, and let me adorn you like your sisters"

"راشئ، اجازه راکړئ چې تاسو د خپلو خویندو په څیر سینګار کړم"

And she placed a wreath of white lilies in her hair

او هغې په خپلو ویښتانو کې د سپینو لیلیو ګلان کېښودل

every petal of the lilies was half a pearl

د لیلیو هره پاڼی نیم موتی وه

Then, the old lady ordered eight great oysters to come

بیا، بوډۍ میرمن اته لوی سیپونو ته د راتلو امر وکړ

the oysters attached themselves to the tail of the princess

سیپونو ځانونه د شهزادګۍ له لکۍ سره وصل کړل

under the sea oysters are used to show your rank

د سمندر لاندې سیپونه ستاسو د رتبې ښودلو لپاره کارول کیږي

"But the oysters hurt me so," said the little mermaid

وړوکې مرمۍ وویل" :مګر سیپونو ما دومره ځوروي".

"Yes, I know oysters hurt," replied the old lady

بوډا ځواب ورکړ" :هو، زه پوهیږم چې سیپ درد کوي".

"but you know very well that pride must suffer pain"

"مګر تاسو ښه پوهیږئ چې غرور باید درد ولري"

how gladly she would have shaken off all this grandeur

هغه به څومره په خوښۍ سره دا ټول عظمت له مینځه ویسي

she would have loved to lay aside the heavy wreath!

هغې به د درنو ګلانو په څنګ کې ایښودل خوښ کړل!

she thought of the red flowers in her own garden

هغې په خپل باغ کې د سور ګلونو په اړه فکر کاوه

the red flowers would have suited her much better

سور ګلونه به د هغې لپاره ډیر مناسب وي

But she could not change herself into something else

مګر هغې نشو کولی ځان په بل څه بدل کړي

so she said farewell to her grandmother and sisters

نو هغې خپلې انا او خویندو ته الوداع وویل
**and, as lightly as a bubble, she rose to the surface**
او، د بلبل په څیر روښانه، هغه سطح ته پورته شوه

**The sun had just set when she raised her head above the waves**
لمر هغه مهال لوېدلی و، چې هغې خپل سر له څپو پورته کړ
**The clouds were tinted with crimson and gold from the sunset**
ورېځې د لمر له لوېدو څخه په سرو او سرو زرو رنګ شوې وې
**and through the glimmering twilight beamed the evening star**
او د لمر په رڼا کې د ماښام ستوری روښانه شو
**The sea was calm, and the sea air was mild and fresh**
سمندر ارام و، او د سمندر هوا نرمه او تازه وه
**A large ship with three masts lay lay calmly on the water**
یوه لویه کښتۍ چې درې ماستونه لري په آرامۍ سره په اوبو کې پروت و
**only one sail was set, for not a breeze stirred**
یوازې یوه کښتۍ جوړه شوې وه، ځکه چې هوا نه وه وهلې
**and the sailors sat idle on deck, or amidst the rigging**
او ملایان په ډیک یا د درغلۍ په مینځ کې ناست وو
**There was music and songs on board of the ship**
په کښتۍ کې موسیقي او سندرې وې
**as darkness came a hundred colored lanterns were lighted**
لکه څنګه چې تیاره راغله سل رنګه لالټینونه روښانه شول
**it was as if the flags of all nations waved in the air**
دا داسې وه لکه د ټولو ملتونو بیرغونه په هوا کې خوځند وې

**The little mermaid swam close to the cabin windows**
وړه مرمیډ د کیبن کړکیو ته نږدې تیر شو
**now and then the waves of the sea lifted her up**
اوس او بیا د سمندر څپو هغه پورته کړه
**she could look in through the glass window-panes**
هغې کولی شي د شیشې کړکۍ له لارې دننه وګوري
**and she could see a number of curiously dressed people**
او هغې کولی شو چې یو شمیر په زړه پورې جامې اغوستې خلک ووینې

Among the people she could see there was a young prince
د خلکو په منځ کې هغې ليدلی شي يو ځوان شهزاده و
the prince was the most beautiful of them all
شهزاده د ټولو څخه ډير ښکلی و
she had never seen anyone with such beautiful eyes
هغې هیڅکله داسې ښکلې سترګې نه وې لیدلې
it was the celebration of his sixteenth birthday
دا د هغه د شپاړسمې کلیزې لمانځنه وه
The sailors were dancing on the deck of the ship
ملايانو د کښتۍ په ډيک کې نڅا کوله
all cheered when the prince came out of the cabin
ټولو خوشحاله شو کله چې شهزاده له کوټې څخه راووت
and more than a hundred rockets rose into the air
او له سلو څخه ډير راکټونه هوا ته پورته شول
for some time the fireworks made the sky as bright as day
د يو څه وخت لپاره د اور وژني آسمان د ورځې په څير روښانه کړ
of course our young mermaid had never seen fireworks before
البته زموږ ځوان متسيرې مخکې هیڅکله اور وژونکي نه وو لیدلي
startled by all the noise, she went back under the water
هغه د ټولو شور څخه حيرانه شوه، هغه بيرته د اوبو لاندې لاړه
but soon she again stretched out her head
خو ژر يې بيا خپل سر پورته کړ
it was as if all the stars of heaven were falling around her
داسې ښکارېده لکه د اسمان ټول ستوري د هغې په شاوخوا کې رالښکته کېږي
splendid fireflies flew up into the blue air
په زړه پورې اور وژونکي په نيلي هوا کې الوتل
and everything was reflected in the clear, calm sea
او هر څه په روښانه، ارام سمندر کې منعکس شوي
The ship itself was brightly illuminated by all the light
کښتۍ پخپله د ټولو رڼا لخوا روښانه شوې وه
she could see all the people and even the smallest rope
هغې ټول خلک او حتی تر ټولو کوچنی رسی ليدلی شي
How handsome the young prince looked thanking his guests!

ځوان شهزاده څومره ښکلی ښکاریده د خپلو میلمنو مننه!
and the music resounded through the clear night air!
او میوزیک د شپې په روښانه هوا کې غږیدل!

the birthday celebrations lasted late into the night
د زوکړې جشن د شپې تر ناوخته دوام درلود
but the little mermaid could not take her eyes from the ship
خو وړوکې مرمې نه شوای کولای خپلې سترگې له کښتی څخه وباسي
nor could she take her eyes from the beautiful prince
او نه یې د ښکلي شهزاده څخه سترگې نیولې
The colored lanterns had now been extinguished
رنگین لالتینونه اوس ورک شوي وو
and there were no more rockets that rose into the air
او نور راکتونه نه وو چې په هوا کې راپورته شول
the cannon of the ship had also ceased firing
د کښتی توپ هم ډزې بندې کړې وې
but now it was the sea that became restless
مگر اوس دا سمندر و چې نارامه شو
a moaning, grumbling sound could be heard beneath the waves
د څپو لاندې د ژړا او ژړا غږ اوریدل کېدل
and yet, the little mermaid remained by the cabin window
او بیا هم، کوچنی مرمید د کبین کړکی ته پاتې شوه
she was rocking up and down on the water
هغه په اوبو کې پورته او ښکته وه
so that she could keep looking into the ship
ترڅو هغه وکولای شي کښتی ته وگوري
After a while the sails were quickly set
یو څه وروسته کښتی په چټکی سره تنظیم شوې
and the ship went on her way back to port
او کښتی بیرته بندر ته روانه شوه

But soon the waves rose higher and higher
خو ژر تر ژره څپې لوړې او لوړې شوې
dark, heavy clouds darkened the night sky
تورو، درنو وریځو د شپې اسمان تیار کړ

and there appeared flashes of lightning in the distance
او په لرې واټن کې د برښنا څراغونه ښکاره شول
not far away a dreadful storm was approaching
لرې نه و چې يو ډارونکی طوفان را نږدې شو
Once more the sails were lowered against the wind
يوځل بيا کښتی د باد په مقابل کې ښکته شوې
and the great ship pursued her course over the raging sea
او لويه کښتی د سمندر په اوږدو کې خپله لاره تعقيب کړه
The waves rose as high as the mountains
څپې د غرونو په څير لوړې شوې
one would have thought the waves were going to have the ship
چا به فکر کاوه چې څپې به بېړۍ ولري
but the ship dived like a swan between the waves
خو کشتی د څپو په منځ کې د سوان په څير دوبه شوه
then she rose again on their lofty, foaming crests
بيا هغه بيا د دوی په لوړو او فومونو سرونو باندې راپورته شوه
To the little mermaid this was pleasant to watch
د وړوکي مرميډ لپاره دا ليدل ډير خوښ وو
but it was not pleasant for the sailors
خو دا د ملايانو لپاره خوښ نه و
the ship made awful groaning and creaking sounds
کښتۍ د ژړا او ژړا غږونه وکړل
and the waves broke over the deck of the ship again and again
او څپې بيا د کښتی د ډيک څخه راوتلې
the thick planks gave way under the lashing of the sea
غټ تختونه د سمندر د وهلو لاندې لاره ورکړه
under the pressure the mainmast snapped asunder, like a reed
د فشار لاندې اصلي ماست د سرې په څير توته توته شو
and, as the ship lay over on her side, the water rushed in
او، لکه څنګه چې کښتی د هغې غاړې ته ولاړه، اوبه په چټکۍ سره دننه شوې

The little mermaid realized that the crew were in danger

کوچنۍ مرمۍ پوه شوه چې عمله په خطر کې ده
her own situation wasn't without danger either
د هغې خپل حالت هم له خطره خالي نه و
she had to avoid the beams and planks scattered in the water
هغه باید د بیمونو او تختو څخه ډډه وکړي چې په اوبو کې ویشل شوي
for a moment everything turned into complete darkness
د یوې شیبې لپاره هرڅه په تیاره کې بدل شول
and the little mermaid could not see where she was
او وړې مرمۍ نه شي لیدلی چې هغه چیرته ده
but then a flash of lightning revealed the whole scene
مګر بیا د بریښنا یوه ځراغ ټوله صحنه ښکاره کړه
she could see everyone was still on board of the ship
هغې ولیدل چې هرڅوک لاهم په کښتۍ کې سپاره وو
well, everyone was on board of the ship, except the prince
ښه، ټول په کښتۍ کې سپاره وو، پرته له شهزاده
the ship continued on its path to the land
کښتۍ ځمکې ته خپلې لارې ته دوام ورکړ
and she saw the prince sink into the deep waves
او هغې ولیدل چې شهزاده په ژورو څپو کې ډوبیږي
for a moment this made her happier than it should have
د یوې شیبې لپاره دا هغه د هغې په پرتله خوشحاله کړه
now that he was in the sea she could be with him
اوس چې هغه په سمندر کې و، هغه کولی شي د هغه سره وي
Then she remembered the limits of human beings
بیا یې د انسانانو حدونه یاد کړل
the people of the land cannot live in the water
د ځمکې خلک نشي کولی په اوبو کې ژوند وکړي
if he got to the palace he would already be dead
که هغه ماڼۍ ته ورسیده، هغه به لا دمخه مړ وي
"No, he must not die!" she decided
"نه، هغه باید مړ نشي "!هغې پریکړه وکړه
she forget any concern for her own safety
هغې د خپل خوندیتوب لپاره کومه اندیښنه هیره کړه
and she swam through the beams and planks
او هغې د بیمونو او تختو له لارې تیر کړ
two beams could easily crush her to pieces

دوه بیمونه کولی شي په اسانۍ سره توته توته کړي
she dove deep under the dark waters
هغې د تورو اوبو لاندې ژوره کوتره وکړه
everything rose and fell with the waves
هرڅه پورته شول او د څپو سره راوتلي
finally, she managed to reach the young prince
په نهایت کې، هغې وکولی شول ځوان شهزاده ته ورسیږي
he was fast losing the power to swim in the stormy sea
هغه په چټکۍ سره په طوفان سمندر کې د لامبو ځواک له لاسه ورکړ
His limbs were starting to fail him
د هغه اندامونه د هغه ناکامیدل پیل کړل
and his beautiful eyes were closed
او د هغه ښکلي سترګې تړلي وې
he would have died had the little mermaid not come
هغه به مړ شوی وای که کوچنی متسیری نه وای راغلی
She held his head above the water
هغې د هغه سر د اوبو پورته ونیو
and she let the waves carry them where they wanted
او هغې موجونو ته اجازه ورکړه چې چیرته یې وغواړي

In the morning the storm had ceased
په سهار کې طوفان بند شو
but of the ship not a single fragment could be seen
مګر د کښتۍ یوه ټوټه هم ونه لیدل شوه
The sun came up, red and shining, out of the water
لمر راوتلی، سور او ځلیدونکی، د اوبو څخه بهر
the sun's beams had a healing effect on the prince
د لمر ورانګو په شهزاده باندې شفاهي اغیزه درلوده
the hue of health returned to the prince's cheeks
د روغتیا رنګ د شهزاده ګیلونو ته راستون شو
but despite the sun, his eyes remained closed
مګر د لمر سره سره، سترګې یې تړلې پاتې وې
The mermaid kissed his high, smooth forehead
مرمۍ خپل لوړ، نرم تندی ښکل کړ
and she stroked back his wet hair
او هغې د هغه لوند ویښتان بیرته وګرځول

He seemed to her like the marble statue in her garden
هغه ورته په خپل باغ کې د مرمر مجسمې په څېر ښکارېده
so she kissed him again, and wished that he lived
نو هغې بیا ښکل کړه او هیله یې وکړه چې هغه ژوندی وي

Presently, they came in sight of land
په دې وخت کې، دوی د ځمکې لید ته راغلل
and she saw lofty blue mountains on the horizon
او هغې په افق کې لوړ نیلي غرونه ولیدل
on top of the mountains the white snow rested
د غرونو په سر کې سپینې واوره آرامه وه
as if a flock of swans were lying upon the mountains
لکه څنګه چې د غرونو یوه رمه پروت وي
Beautiful green forests were near the shore
ساحل ته نژدې ښکلي شنه ځنګلونه پراته وو
and close by there stood a large building
او هلته نږدې یوه لویه ودانۍ ولاړه وه
it could have been a church or a convent
دا کیدای شي یو کلیسا یا کنونټ وي
but she was still too far away to be sure
مګر هغه لاهم د ډاډ ترلاسه کولو لپاره خورا لرې وه
Orange and citron trees grew in the garden
په باغ کې د نارنج او لیمو ونې وده کړې
and before the door stood lofty palms
او د دروازې په مخ کې اوچت لاسونه ولاړ وو
The sea here formed a little bay
دلته سمندر یو کوچنی خلیج جوړ کړ
in the bay the water lay quiet and still
په خلیج کې اوبه خاموشه او خاموشه وه
but although the water was still, it was very deep
مګر که څه هم اوبه لاهم وې، خورا ژورې وې
She swam with the handsome prince to the beach
هغې د ښکلي شهزاده سره ساحل ته لامبو وهله
the beach was covered with fine white sand
ساحل په سپینو شګو پوښل شوی و
and on the sand she laid him in the warm sunshine

او په شګه کې یې هغه په ګرم لمر کې کېښود
she took care to raise his head higher than his body
هغې پاملرنه وکړه چې د هغه سر د هغه له بدن څخه لوړ کړي
Then bells sounded from the large white building
بیا د لوی سپیني ودانۍ څخه زنګونه غږیدل
some young girls came into the garden
ځیني ځواني نجوني باغ ته راغلي
The little mermaid swam out farther from the shore
وړوکی لامبو د سیوري څخه ډیره لرې لامبو وهله
she hid herself among some high rocks in the water
هغې ځان په اوبو کې د ځینو لوړو ډبرو په منځ کې پټ کړ
she covered her head and neck with the foam of the sea
هغې خپل سر او غاړه د سمندر په فوم پوښل
and she watched to see what would become of the poor prince
او هغې کتل چې د غریب شهزاده به څه شي

It was not long before she saw a young girl approach
ډیر وخت نه و تیر شوی چې هغې یوه ځوانه نجلۍ ولیده
the young girl seemed frightened, at first
ځوانه نجلۍ په لومړي سر کې ویره درلوده
but her fear only lasted for a moment
مګر د هغې ویره یوازې د یوې شیبې لپاره پاتې شوه
then she brought over a number of people
بیا هغې یو شمیر خلک راوستل
and the mermaid saw that the prince came to life again
او مرمۍ ولیدل چې شهزاده بیا ژوندی شو
he smiled upon those who stood around him
هغه پر هغو کسانو موسکا وکړه چې شاوخوا ولاړ وو
But to the little mermaid the prince sent no smile
خو شهزادګۍ وړې مرمۍ ته موسکا ونه کړه
he knew not that it was her who had saved him
هغه نه پوهیده چې دا هغه وه چې هغه یې وژغوره
This made the little mermaid very sorrowful
دې کار وړه مرمۍ ډېره غمجنه کړه
and then he was led away into the great building

او بیا هغه لوی ودانی ته بوتلل شو
**and the little mermaid dived down into the water**
او وړې متسیرې په اوبو کې ډوبه شوه
**and she returned to her father's castle**
او هغه د خپل پلار کلا ته راستون شوه

## The Little Mermaid Longs for the Upper World
## کوچنی مرمايد د پورتنی نړی لپاره ليوالتيا لري

She had always been the most silent and thoughtful of the sisters
هغه تل د خويندو تر تولو خاموشه او فکر کوونکې وه
and now she was more silent and thoughtful than ever
او اوس هغه د پخوا په پرتله ډير غلی او سوچه وه
Her sisters asked her what she had seen on her first visit
د هغې خويندو له هغې وپوښتل چې هغې په لومړي سفر کې څه وليدل
but she could tell them nothing of what she had seen
خو هغې هغوی ته د هغه څه په اړه څه ونه ويل چې هغې ليدلي وو
Many an evening and morning she returned to the surface
ډيری ماښام او سهار هغه بيرته سطح ته راستون شو
and she went to the place where she had left the prince
او هغه هغه ځای ته لاړه چيرې چې هغې شهزاده پريښوده
She saw the fruits in the garden ripen
هغې په باغ کې ميوې پخې شوې وليدې
and she watched the fruits gathered from their trees
او هغې د خپلو ونو څخه راټولې شوې ميوې وليدلې
she watched the snow on the mountain tops melt away
هغې وليدل چې د غره پر سر واوره خوري
but on none of her visits did she see the prince again
خو د هغې په هيڅ ليدنه کې هغې بيا شهزاده ونه ليده
and therefore she always returned more sorrowful than when she left
او له همدې امله هغه تل د تللو په پرتله ډير غمجن راستون شو

her only comfort was sitting in her own little garden
د هغې يوازينی آرام په خپل کوچني باغ کې ناست و
she flung her arms around the beautiful marble statue
هغې خپل لاسونه د ښکلي مرمر مجسمې شاوخوا وگرځول
the statue which looked just like the prince
هغه مجسمه چې د شهزاده په څير ښکاري
She had given up tending to her flowers
هغې د خپلو گلونو پالنه پريښوده

and her garden grew in wild confusion
او د هغې باغ په وحشي ګډوډۍ کې وده وکړه
they twinied the long leaves and stems of the flowers around the trees
دوی د ونو په شاوخوا کې د ګلونو اوږدې پاڼې او ډډونه دوه ګوني کړي
so that the whole garden became dark and gloomy
نو ټول باغ تیاره او تیاره شو

eventually she could bear the pain no longer
په نهایت کې هغه نور درد نشي زغملی
and she told one of her sisters all that had happened
او هغې خپلې یوې خور ته هغه څه وویل چې پیښ شوي وو
soon the other sisters heard the secret
ډیر ژر نورو خویندو راز واورید
and very soon her secret became known to several maids
او ډېر ژر د هغې راز څو نوکرانو ته معلوم شو
one of the maids had a friend who knew about the prince
د نوکرانو څخه یوه یې یو ملګری درلود چې د شهزاده په اړه پوهیده
She had also seen the festival on board the ship
هغې په کښتۍ کې فستیوال هم لیدلی و
and she told them where the prince came from
او هغې ورته وویل چې شهزاده له کوم ځای څخه راغلی
and she told them where his palace stood
او هغې ورته وویل چې د هغه ماڼۍ چیرته ولاړه ده

"Come, little sister," said the other princesses
"راشه، کوچنۍ خور، "نورو شهزادګانو وویل
they entwined their arms and rose up together
دوی خپل لاسونه سره وصل کړل او یوځای پورته شول
they went near to where the prince's palace stood
هغوی د شهزاده ماڼۍ ته نژدې ولاړل
the palace was built of bright-yellow, shining stone
ماڼۍ د روښانه ژیړ، روښانه ډبرو څخه جوړه شوې وه
and the palace had long flights of marble steps
او ماڼۍ د مرمرو د پښو اوږده الوتنې درلودې
one of the flights of steps reached down to the sea

يو له گامونو الوتنې سمندر ته را ښکته شوي
Splendid gilded cupolas rose over the roof

په بام کې په زړه پورې ژېړ شوي کپولونه را پورته شول
the whole building was surrounded by pillars

توله ودانۍ د ستنو لخوا محاصره وه
and between the pillars stood lifelike statues of marble

او د ستنو په منځ کې د مرمرو ژوندی مجسمې ولاړې وې
they could see through the clear crystal of the windows

دوی د کړکيو د روښانه کرسټال له لارې ليدلی شي
and they could look into the noble rooms

او دوی کولی شي عالي خونو ته وګوري
costly silk curtains and tapestries hung from the ceiling

د ورېښمو قيمتي پردې او نلونه له چت څخه ځړول
and the walls were covered with beautiful paintings

او دېوالونه په ښکلو نقاشيو پوښل شوي وو
In the centre of the largest salon was a fountain

د لوی سالون په مرکز کې يو چشمه وه
the fountain threw its sparkling jets high up

فوارې خپلې چمکي جټ الوتکي لوري و غورځولي
the water splashed onto the glass cupola of the ceiling

اوبه د چت د شيشي کپولا باندې توی شوې
and the sun shone in through the water

او لمر د اوبو له لارې روښانه شو
and the water splashed on the plants around the fountain

او اوبه د چشمې په شاوخوا کې په بوټو باندې توی شوې

Now the little mermaid knew where the prince lived

اوس وروکې مرمۍ پوهېده چې شهزاده چېرته اوسېږي
so she spent many a night in those waters

نو هغې ډېرې شپې په دې اوبو کې تېرې کړې
she got more courageous than her sisters had been

هغې د خپلو خويندو په پرتله ډېر زړور شو
and she swam much nearer the shore than they had

او هغه د دوی په پرتله ساحل ته ډېر نږدې لامبو وهله
once she went up the narrow channel, under the marble balcony

یوځل هغه د مرمر بالکوني لاندې تنګ چینل ته لاړه
the balcony threw a broad shadow on the water
بالکوني په اوبو باندې پراخه سیوري وغورځوله
Here she sat and watched the young prince
دلته ناست وو او ځوان شهزاده یې کتل
he, of course, thought he was alone in the bright moonlight
هغه، البته، فکر کاوه چې هغه په روښانه سپوږمۍ کې یوازې و

She often saw him in the evenings, sailing in a beautiful boat
هغې ډیری وختونه هغه په شام کې لیدل، په یوه ښکلې کښتۍ کې سپاره
music sounded from the boat and the flags waved
د کښتۍ څخه موسیقي غږیدله او بیرغونه پورته کیدل
She peeped out from among the green rushes
هغې د شنو غرونو په منځ کې وکتل
at times the wind caught her long silvery-white veil
کله ناکله باد به د هغې اوږد سپین سپین حجاب نیول
those who saw her veil believed it to be a swan
هغه چا چې د هغې پرده ولیده باور یې وکړ چې دا یو سوان دی
her veil had all the appearance of a swan spreading its wings
د هغې په حجاب کې د یو هانس په څیر وزرونه خپریدل

Many a night, too, she watched the fishermen set their nets
ډو شپې یې هم ولیدل چې کب نیونکي خپل جالونه جوړ کړي
they cast their nets in the light of their torches
هغوی خپل جالونه د خپلو مشعلونو په رڼا کې واچول
and she heard them tell many good things about the prince
او هغې واورېدل چې دوی د شهزاده په اړه ډیرې ښې خبرې کوي
this made her glad that she had saved his life
دا هغه خوشحاله کړه چې هغې د هغه ژوند وژغوره
when he was tossed around half dead on the waves
کله چې هغه د څپو په شاوخوا کې نیم مړ شو
She remembered how his head had rested on her bosom
هغې ته په یاد ول چې څنګه یې سر د هغې په سینه کې آرام کړی و
and she remembered how heartily she had kissed him
او هغې ته په یاد ول چې څومره زړه یې ښکل کړی و

but he knew nothing of all that had happened
خو هغه په دې نه پوهيده چې څه پيښ شوي دي
the young prince could not even dream of the little mermaid
ځوان شهزاده حتی د کوچنۍ متسيرۍ خوب هم نشي ليدلی

She grew to like human beings more and more
هغې د انسانانو سره مينه زياته کړه
she wished more and more to be able to wander their world
هغې هيله درلوده چې د دوی نړۍ وګرځي
their world seemed to be so much larger than her own
د دوی نړۍ د هغې په پرتله خورا لويه ښکاري
They could fly over the sea in ships
دوی کولی شي په کښتيو کې د بحر څخه الوتنه وکړي
and they could mount the high hills far above the clouds
او دوی کولی شي د وريځو څخه لوړ غرونه پورته کړي
in their lands they possessed woods and fields
دوی په خپلو ځمکو کې لرګي او کروندې درلودې
the greenery stretched beyond the reach of her sight
شنه د هغې د ليدو څخه بهر پراخه شوه
There was so much that she wished to know!
ډير څه وو چې هغې غوښتل پوه شي!
but her sisters were unable to answer all her questions
خو د هغې خويندې د هغې ټولو پوښتنو ته ځواب نه شي ويلی
She then went to her old grandmother for answers
هغه بيا د ځواب لپاره خپلې زړې انا ته لاړه
her grandmother knew all about the upper world
د هغې انا د پورتنۍ نړۍ په اړه ټول پوهيدل
she rightly called this world "the lands above the sea"
هغې په سمه توګه دې نړۍ ته" د سمندر پورته ځمکي "وويل

"If human beings are not drowned, can they live forever?"
"که انسانان ډوب نه شي، ايا دوی تل ژوند کولی شي؟"
"Do they never die, as we do here in the sea?"
"ايا دوی هيڅکله نه مري، لکه څنګه چې موږ دلته په سمندر کې کوو؟"
"Yes, they die too," replied the old lady
بوډا ځواب ورکړ" :هو، دوی هم مړه کيږي".

"like us, they must also die," added her grandmother
د هغي انا زياته کړه" :زموږ په خير، دوی هم بايد مړه شي".
"and their lives are even shorter than ours"
"او د دوی ژوند حتی زموږ په پرتله لند دی"
"We sometimes live for three hundred years"
"موږ ځيني وختونه درې سوه کاله ژوند کوو"
"but when we cease to exist here we become foam"
"مګر کله چې موږ دلته شتون پای ته ورسوو موږ فوم شو"
"and we float on the surface of the water"
"او موږ د اوبو په سطحه تير يو"
"we do not have graves for those we love"
"موږ د هغه چا لپاره قبرونه نه لرو چې موږ يې مينه لرو"
"and we have not immortal souls"
"او موږ تل پاتې روحونه نه لرو"
"after we die we shall never live again"
"له مرګ وروسته به بيا ژوندی نه شو"
"like the green seaweed, once it has been cut off"
"لکه شنه سمندري غوښه، يوځل چې پرې شي"
"after we die, we can never flourish again"
"وروسته له دې چې موږ مړ شو، موږ هيڅکله بيا وده نشو کولی"
"Human beings, on the contrary, have souls"
"انسانان، برعکس، روح لري"
"even after they're dead their souls live forever"
"حتی د دوی له مړيني وروسته د دوی روحونه د تل لپاره ژوند کوي"
"when we die our bodies turn to foam"
"کله چې موږ مړ شو زموږ بدنونه په فوم بدليږي"
"when they die their bodies turn to dust"
"کله چې دوی مړه شي د دوی بدنونه خاورې شي"
"when we die we rise through the clear, blue water"
"کله چې موږ مړه کيږو موږ د روښانه ، نيلي اوبو له لارې راپورته کيږو"
"when they die they rise up through the clear, pure air"
"کله چې دوی مړه شي دوی د پاکې او پاکې هوا له لارې راپورته کيږي"
"when we die we float no further than the surface"
"کله چې موږ مړه کيږو موږ له سطحې څخه نور نه تيريږي"
"but when they die they go beyond the glittering stars"

"مګر کله چې دوی مړه شي دوی د روښانه ستورو هاخوا ځي"
"we rise out of the water to the surface"
"موږ له اوبو څخه سطحې ته پورته کیږو"
"and we behold all the land of the earth"
"او موږ د ځمکې ټوله ځمکه ګورو"
"they rise to unknown and glorious regions"
"دوی نامعلومو او عالي سیمو ته راپورته کیږي"
"glorious and unknown regions which we shall never see"
"ښکلي او نامعلومې سیمې چې موږ به یې هیڅکله ونه ګورو"
the little mermaid mourned her lack of a soul
وړې متسیرې د خپل روح په نشتوالي غمجنې وې
"Why have not we immortal souls?" asked the little mermaid
"ولې موږ تل پاتې روحونه نه لرو؟ "وړې مرمۍ وپوښتل
"I would gladly give all the hundreds of years that I have"
"زه به په خوښۍ سره ټول هغه سل کاله ورکړم چې زه يې لرم"
"I would trade it all to be a human being for one day"
"زه به دا ټول تجارت وکړم ترڅو د یوې ورځې لپاره انسان شم"
"I can not imagine the hope of knowing such happiness"
"زه د داسې خوښۍ د پوهیدو امید تصور نشم کولی"
"the happiness of that glorious world above the stars"
"د ستورو پورته د دې عالي نړۍ خوښي"
"You must not think that way," said the old woman
زړې ښځې وویل" :تاسو باید داسې فکر ونه کړئ".
"We believe that we are much happier than the humans"
"موږ باور لرو چې موږ د انسانانو په پرتله ډیر خوشحاله یو"
"and we believe we are much better off than human beings"
"او موږ باور لرو چې موږ د انسانانو په پرتله ډیر ښه یو"

"So I shall die," said the little mermaid
"نو زه به مړ شم، "کوچنۍ مرمۍ وویل
"being the foam of the sea, I shall be washed about"
"د سمندر د ځګ په توګه، زه به مینځل کیږم"
"never again will I hear the music of the waves"
"هیڅکله به بیا د څپو موسیقي واورم"
"never again will I see the pretty flowers"
"هیڅکله به بیا ښکلي ګلونه ونه وینم"

"nor will I ever again see the red sun"
"نه به بیا هیڅکله سور لمر وګورم"
"Is there anything I can do to win an immortal soul?"
"ایا داسي کوم څه شته چي زه یي کولی شم د یو ابدي روح ګټلو لپاره وکړم؟"
"No," said the old woman, "unless..."
بوډۍ ښځي وویل" :نه، پرته له دې چي"...
"there is just one way to gain a soul"
"د روح تر لاسه کولو لپاره یوازې یوه لاره ده"
"a man has to love you more than he loves his father and mother"
"یو سړی باید تاسو سره د خپل مور او پلار سره ډیره مینه ولري"
"all his thoughts and love must be fixed upon you"
"د هغه ټول فکرونه او مینه باید په تاسو باندې ټینګه شي"
"he has to promise to be true to you here and hereafter"
"هغه باید ژمنه وکړي چي تاسو سره به دلته او وروسته ریښتیني وي"
"the priest has to place his right hand in yours"
"کاهن باید خپل ښي لاس ستاسو په لاس کې واچوي"
"then your man's soul would glide into your body"
"نو ستاسو د سړي روح به ستاسو په بدن کي تیریږي"
"you would get a share in the future happiness of mankind"
"تاسو به د انسانانو په راتلونکي خوښۍ کي برخه واخلئ"
"He would give to you a soul and retain his own as well"
"هغه به تاسو ته یو روح درکړي او خپل ځان به هم وساتي"
"but it is impossible for this to ever happen"
"مګر دا ناشوني ده چي دا هیڅکله پیښ شي"
"Your fish's tail, among us, is considered beautiful"
"زموږ په مینځ کي ستاسو د کب لکۍ ښکلي ګڼل کیږي"
"but on earth your fish's tail is considered ugly"
"مګر په ځمکه کي ستاسو د کب لکۍ بدمرغه ګڼل کیږي"
"The humans do not know any better"
"انسانان نور ښه نه پوهیږي"
"their standard of beauty is having two stout props"
"د دوی د ښکلا معیار دوه قوي پروپس لري"
"these two stout props they call their legs"
"دا دوه قوي پروپس چي دوی خپلي پښي بولي"

The little mermaid sighed at what appeared to be her destiny

ورې مرمی په هغه څه چې د هغې برخلیک ښکاري، ساه ورکړه

and she looked sorrowfully at her fish's tail

او په خواشینی سره یې د کبانو لکی ته وکتل

"Let us be happy with what we have," said the old lady

بوډا وویل" :راځئ چې په هغه څه خوشحاله شو چې موږ لرو".

"let us dart and spring about for the three hundred years"

"راځئ چې درې سوه کاله پسرلی وکړو"

"and three hundred years really is quite long enough"

"او درې سوه کاله واقعیا خورا اوږد دي"

"After that we can rest ourselves all the better"

"له هغې وروسته موږ کولی شو خپل ځان ښه آرام کړو"

"This evening we are going to have a court ball"

"نن ماښام موږ د محکمې توپ ولرو"

It was one of those splendid sights we can never see on earth

دا یو له هغو عالي ځایونو څخه و چې موږ یې هیڅکله په ځمکه کې نه شو لیدلی

the court ball took place in a large ballroom

د محکمې بال په یوه لوی بال روم کې ترسره شو

The walls and the ceiling were of thick transparent crystal

دیوالونه او چت د ګنده شفاف کرسټال څخه وو

Many hundreds of colossal sea shells stood in rows on each side

په سلګونو لوی سمندري مرمی هرې خوا ته په قطارونو کې ولاړې وې

some of the sea shells were deep red, others were grass green

ځیني د سمندر ګولی ژورې سورې وې، نور یې واښه شنه وو

and each of the sea shells had a blue fire in it

او د سمندر هر ګولی په هغې کې نیلي اور درلود

These fires lighted up the whole salon and the dancers

دې اورونو ټول صالون او نڅاګران روښانه کړل

and the sea shells shone out through the walls

او د سمندر ګولی د دیوالونو له لارې راوتلې

so that the sea was also illuminated by their light

تر څو سمندر هم د دوی په رڼا روښانه شو

Innumerable fishes, great and small, swam past
بې شميره کبان، لوی او کوچني، تير تيريدل
some of the fishes scales glowed with a purple brilliance
د کبانو ځينې ترازو د ارغواني رنګ سره روښانه شوي
and other fishes shone like silver and gold
او نور کبان د سپينو زرو او سرو زرو په څير ځليدل
Through the halls flowed a broad stream
د تالارونو له لارې يو پراخ جريان تير شو
and in the stream danced the mermen and the mermaids
او په سيند کې مرمين او مرميډ نڅا کوله
they danced to the music of their own sweet singing
دوی د خپلې خوږې سندرې په موسيقی نڅا کوله

No one on earth has such lovely voices as they
په ځمکه کې هيڅوک د دوی په څير ښکلی غږ نلري
but the little mermaid sang more sweetly than all
خو وړوکي مرمې تر ټولو خوږې سندرې وويلې
The whole court applauded her with hands and tails
ټولې محکمې د هغې په لاسونو او لکونو ستاينه وکړه
and for a moment her heart felt quite happy
او د يوې شيبې لپاره د هغې زړه د خوښۍ احساس وکړ
because she knew she had the sweetest voice in the sea
ځکه هغه پوهيده چې هغه په سمندر کې ترټولو خوږ غږ لري
and she knew she had the sweetest voice on land
او هغه پوهيده چې هغه په ځمکه کې ترټولو خوږ غږ لري
But soon she thought again of the world above her
مګر ډير ژر هغې بيا د هغې پورته نړۍ فکر وکړ
she could not forget the charming prince
هغه زړه راښکونکی شهزاده نشي هيرولی
it reminded her that he had an immortal soul
دا هغې ته يادونه وکړه چې هغه يو تل پاتې روح لري
and she could not forget that she had no immortal soul
او هغه نشي هيرولی چې هغه هيڅ ابدي روح نلري
She crept away silently out of her father's palace
هغه په خاموشۍ سره د خپل پلار له ماڼۍ څخه ووته
everything within was full of gladness and song

دننه هرڅه د خوښۍ او سندرې څخه ډک وو
but she sat in her own little garden, sorrowful and alone
مګر هغه په خپل کوچني باغ کې ، غمجن او یوازې ناسته وه
Then she heard the bugle sounding through the water
بیا هغې د اوبو له لارې د بغل غږ واورېد
and she thought, "He is certainly sailing above"
او هغې فکر وکړ،" هغه یقینا پورته کښتۍ ده"
"he, the beautiful prince, in whom my wishes centre"
"هغه، ښکلی شهزاده، چې زما د هیلو مرکز دی"
"he, in whose hands I should like to place my happiness"
"هغه، د چا په لاسونو کې زه غواړم چې زما خوښي ځای په ځای کړم"
"I will venture all for him to win an immortal soul"
"زه به د هغه لپاره ټول هڅه وکړم چې یو ابدي روح وګټم"
"my sisters are dancing in my father's palace"
"زما خویندې زما د پلار په ماڼۍ کې نڅا کوي"
"but I will go to the sea witch"
"مګر زه به د سمندر جادوګر ته لاړ شم"
"the sea witch of whom I have always been so afraid"
"هغه سمندري جادوګري چې زه یې تل ډیر ویره لرم"
"but the sea witch can give me counsel, and help"
"مګر سمندري جادو کولی شي ماته مشوره راکړي او مرسته وکړي"

## The Sea Witch

د سمندر ویچ

**Then the little mermaid went out from her garden**

بیا کوچنی مرمی له خپل باغ څخه بهر شوه

**and she took the path to the foaming whirlpools**

او هغې د څاڅکو ځپو ته لاره ونیوله

**behind the foaming whirlpools the sorceress lived**

د ځنځیرونو تر شا جادوګرۍ ژوند کاوه

**the little mermaid had never gone that way before**

وړه مرمیډ مخکې هیڅکله په دې لاره نه وه تللې

**Neither flowers nor grass grew where she was going**

نه ګلونه او نه واښه وده کوي چیرې چې هغه روانه وه

**there was nothing but bare, gray, sandy ground**

هلته پرته له خړ، خړ او شګو ځمکې بل څه نه وو

**this barren land stretched out to the whirlpool**

دا بې وزله ځمکه تر ځپو پورې غځېدلې ده

**the water was like foaming mill wheels**

اوبه د ملي څرخ په شان وې

**and the whirlpools seized everything that came within reach**

او ځپو هر هغه څه ونیول چې په لاس کې و

**the whirlpools cast their prey into the fathomless deep**

څاڅکو خپل ښکار په بې هوښه ژورو کې غورځوي

**Through these crushing whirlpools she had to pass**

د دې کرغیړن ځپو له لارې هغه باید تېره شي

**only then could she reach the dominions of the sea witch**

یوازې بیا هغه کولی شي د سمندر جادو واکمنۍ ته ورسیږي

**after this came a stretch of warm, bubbling mire**

له دې وروسته د تودوخې او بلبلې کندې یوه برخه راغله

**the sea witch called the bubbling mire her turf moor**

سمندرۍ جادوګرۍ د بلبلۍ خندق په نوم خپل ټایر موور وایی

**Beyond her turf moor was the witch's house**

د هغې د غره هاخوا د جادوګر کور و

**her house stood in the centre of a strange forest**

د هغې کور د یو عجیب ځنګل په مینځ کې ولاړ و

in this forest all the trees and flowers were polypi
په دي ځنګل کي ټولي وني او ګلونه پوليپي وو
but they were only half plant; the other half was animal
مګر دوی یوازي نیم بوټي وو. بل نیم حیوان وو
They looked like serpents with a hundred heads
دوی د مارانو په څیر ښکاري چي سل سرونه لري
and each serpent was growing out of the ground
او هر مار د ځمکي څخه وده کوله
Their branches were long, slimy arms
د دوی څانګي اوږدي، سپکي وسلي وي
and they had fingers like flexible worms
او دوی د انعطاف ور چینو په څیر ګوتي درلودي
each of their limbs, from the root to the top, moved
د دوی هر یو غړی، له ریښي څخه پورته، حرکت وکړ
All that could be reached in the sea they seized upon
ټول هغه څه چي په بحر کي رسیدلي شي دوی نیولي
and what they caught they held on tightly to
او هغه څه چي دوی یي نیولي په کلکه یي ساتل
so that what they caught never escaped from their clutches
نو هغه څه چي دوی یي نیولي دي هیڅکله د دوی له منګولو نه تښتیدلي

The little mermaid was alarmed at what she saw
وړه مرمۍ د هغه څه په لیدو ویره شوه
she stood still and her heart beat with fear
هغه چپه خوله ولاړه وه او زړه یي په ویره وهل
She came very close to turning back
هغه بیرته شاته کیدو ته ډیره نږدي شوه
but she thought of the beautiful prince
مګر هغي د ښکلي شهزاده په اړه فکر کاوه
and she thought of the human soul for which she longed
او هغي د انساني روح په اړه فکر وکړ چي هغي ته یي هیله درلوده
with these thoughts her courage returned
د دې فکرونو سره د هغي جرئت بیرته راستانه شو
She fastened her long, flowing hair round her head
هغي خپل اوږد، روان ویښتان د خپل سر په شاوخوا کي ټینګ کړل
so that the polypi could not grab hold of her hair

د دې لپاره چې پولیپي نشي کولی د هغې ویښتان ونیسي
and she crossed her hands across her bosom
او هغې خپل لاسونه په سینه کې تیر کړل
and then she darted forward like a fish through the water
او بیا هغه د اوبو له لارې د کب په څیر مخ په وړاندې روانه شوه
between the subtle arms and fingers of the ugly polypi
د بدصورت پولیپي د فرعي لاسو او گوتو ترمینځ
the polypi were stretched out on each side of her
پولیپي د هغې په هر اړخ کې غځول شوي وو
She saw that they all held something in their grasp
هغې ولیدل چې دوی ټول یو څه په خپل لاس کې نیولي وو
something they had seized with their numerous little arms
یو څه چې دوی د خپلو ډیرو کوچنیو وسلو سره نیولي وو
they were holding white skeletons of human beings
دوی د انسانانو سپین کنکالونه نیولي وو
sailors who had perished at sea in storms
هغه ملایان چې په سمندر کې په طوفانونو کې مړه شوي وو
sailors who had sunk down into the deep waters
هغه ملایان چې په ژورو اوبو کې ډوب شوي وو
and there were skeletons of land animals
او د ځمکې د څارویو کنکالونه وو
and there were oars, rudders, and chests of ships
او هلته اورونه، ردرز او د کښتیو سینې وې
There was even a little mermaid whom they had caught
حتی یوه کوچنۍ مرمۍ وه چې دوی یې نیولې وه
the poor mermaid must have been strangled by the hands
بې وزله مرمیډ باید د لاسونو له خوا غوټه شوې وي
to her this seemed the most shocking of all
هغې ته دا د ټولو څخه ډیر ټکان ورکوونکی ښکاریده

finally, she came to a space of marshy ground in the woods
په نهایت کې ، هغه په ځنګل کې د دلدل ځمکې ځای ته راغله
here there were large fat water snakes rolling in the mire
دلته د اوبو لوی لوی ماران په خښتو کې گرځیدل
the snakes showed their ugly, drab-colored bodies
مارانو خپل بد رنګه بدنونه ښکاره کړل

In the midst of this spot stood a house
د دې ځای په منځ کې يو کور ولاړ و
the house was built of the bones of shipwrecked human beings
کور د کښتی د ويجاړ شوي انسانانو له هډوکو جوړ شوی و
and in the house sat the sea witch
او په کور کې د سمندر جادوګر ناست و
she was allowing a toad to eat from her mouth
هغې يوې ميندې ته اجازه ورکړه چې له خولې څخه وخوري
just like when people feed a canary with pieces of sugar
لکه کله چې خلک د بورې توتې سره کانري تغذيه کوي
She called the ugly water snakes her little chickens
هغې خپلې وړې مرغی ته د بدو اوبو ماران وويل
and she allowed her little chickens to crawl all over her
او هغې خپلو کوچنيو چرګانو ته اجازه ورکړه چې په توله کې وګرځي

"I know what you want," said the sea witch
سمندري جادوګر وويل" :زه پوهيږم چې تاسو څه غواړئ".
"It is very stupid of you to want such a thing"
"دا ډير احمق دی چې تاسو داسې څه غواړئ"
"but you shall have your way, however stupid it is"
"مګر تاسو به خپله لاره ولرئ، هر څومره احمقانه وي"
"though your wish will bring you to sorrow, my pretty princess"
"که څه هم ستاسو هيله به تاسو غم ته راوړي، زما ښکلي شهزادګۍ"
"You want to get rid of your mermaid's tail"
"تاسو غواړئ د خپلې ميرمنې لکۍ لرې کړئ"
"and you want to have two stumps instead"
"او تاسو غواړئ د دې پرځای دوه ستمپونه ولرئ"
"this will make you like the human beings on earth"
"دا به تاسو د ځمکې د انسانانو په څير کړي"
"and then the young prince might fall in love with you"
"او بيا ځوان شهزاده ممکن ستاسو سره مينه وکړي"
"and then you might have an immortal soul"
"او بيا تاسو ممکن يو ابدي روح ولرئ"
the witch laughed loud and disgustingly

جادوګر په لوړ او بې رحمه وخندل
the toad and the snakes fell to the ground
ټډ او ماران ځمکې ته راښکته شول
and they lay there wriggling on the floor
او دوی هلته په فرش باندې په تپه ودریدل
"You came to me just in time," said the witch
جادوګر وویل" :تاسو ما ته په خپل وخت راغلی یاست".
"after sunrise tomorrow it would have been too late"
"سبا له لمر لوېدو وروسته به ډیر ناوخته وی"
"after tomorrow I would not have been able to help you till the end of another year"
"له سبا وروسته به زه د بل کال تر پایه ستاسو سره مرسته نه شم کولی"
"I will prepare a potion for you"
"زه به ستاسو لپاره یو درمل چمتو کړم"
"swim up to the land tomorrow, before sunrise"
"سبا ځمکې ته لامبو وهئ، مخکې له لمر ختو"
"seat yourself there and drink the potion"
"ځان هلته کښینئ او درمل وڅښئ"
"after you drink the potion your tail will disappear"
"وروسته له دې چې تاسو درمل وڅښئ ستاسو لکی به ورک شي"
"and then you will have what men call legs"
"او بیا به تاسو هغه څه ولرئ چې نارینه یې پښې بولي"

"all will say you are the prettiest girl in the world"
"ټول به ووایي ته د نړی تر ټولو ښکلې نجلی یې"
"but for this you will have to endure great pain"
"مګر د دې لپاره تاسو باید لوی درد زغمئ"
"it will be as if a sword were passing through you"
"دا به داسې وي لکه توره چې له تاسو څخه تیریږي"
"You will still have the same gracefulness of movement"
"تاسو به بیا هم د حرکت ورته زړه راښکونکي ولرئ"
"it will be as if you are floating over the ground"
"دا به داسې وي لکه تاسو په ځمکه کې تیریږي"
"and no dancer will ever tread as lightly as you"
"او هیڅ نڅاګر به هیڅکله ستاسو په څیر سپک نشي"
"but every step you take will cause you great pain"

"مګر هر ګام چې تاسو اخلئ تاسو به د لوی درد لامل شي"
"it will be as if you were treading upon sharp knives"
"دا به داسې وي لکه تاسو په تیز چاقو باندې تیری کوئ"
"If you bear all this suffering, I will help you"
"که تاسو دا ټول دردونه وخورئ، زه به ستاسو سره مرسته وکړم"
the little mermaid thought of the prince
کوچنۍ مرمۍ د شهزاده په اړه فکر وکړ
and she thought of the happiness of an immortal soul
او هغې د تل پاتې روح د خوښۍ په اړه فکر کاوه
"Yes, I will," said the little princess
"هو، زه به يې وکړم، "کوچنۍ شهزادګۍ وویل
but, as you can imagine, her voice trembled with fear
مګر، لکه څنګه چې تاسو تصور کولی شئ، د هغې غږ په ویره کې لړزیدلی

"do not rush into this," said the witch
جادوګر وویل" :په دې کې بیړه مه کوئ".
"once you are shaped like a human, you can never return"
"یوځل چې تاسو د انسان په څیر جوړ شئ، تاسو هیڅکله بیرته نه شئ"
"and you will never again take the form of a mermaid"
"او تاسو به بیا هیڅکله د مرمید بڼه ونه اخلئ"
"You will never return through the water to your sisters"
"تاسو به هیڅکله د اوبو له لارې خپلو خویندو ته نه راګرځئ"
"nor will you ever go to your father's palace again"
"نه به بیا هیڅکله د خپل پلار ماڼۍ ته لاړ نشي"
"you will have to win the love of the prince"
"تاسو باید د شهزاده مینه وګټئ"
"he must be willing to forget his father and mother for you"
"هغه باید ستاسو لپاره خپل مور او پلار هیر کړي"
"and he must love you with all of his soul"
"او هغه باید تاسو سره د خپل ټول روح سره مینه وکړي"
"the priest must join your hands together"
"کاهن باید ستاسو لاسونه سره یوځای کړي"
"and he must make you man and wife in holy matrimony"
"او هغه باید تاسو په مقدس واده کې سړی او ښځه وکړي"
"only then will you have an immortal soul"

"یوازې بیا به تاسو یو ابدي روح ولرئ"
"but you must never allow him to marry another woman"
"مګر تاسو باید هیڅکله اجازه ورنکړي چې له بلې ښځې سره واده وکړي"
"the morning after he marries another woman, your heart will break"
"سهار کله چې هغه له بلې ښځې سره واده وکړي، ستاسو زړه به مات شي"
"and you will become foam on the crest of the waves"
"او تاسو به د څپو په سر کې فوم شئ"
the little mermaid became as pale as death
وړه مرمیډ د مرګ په څیر ژیړ شو
"I will do it," said the little mermaid
"زه به یې وکړم، "کوچنی مرمی وویل

"But I must be paid, also," said the witch
جادوګر وویل" :مګر ماته باید پیسې هم ورکړل شي".
"and it is not a trifle that I ask for"
"او دا کومه وړه خبره نه ده چې زه یې غوښتنه کوم"
"You have the sweetest voice of any who dwell here"
"تاسو د هر هغه چا تر ټولو خوږ غږ لرئ چې دلته اوسیږي"
"you believe that you can charm the prince with your voice"
"تاسو باور لرئ چې تاسو کولی شئ د خپل غږ سره شهزاده جذب کړئ"
"But your beautiful voice you must give to me"
"مګر ستاسو ښکلی غږ تاسو باید ماته راکړئ"
"The best thing you possess is the price of my potion"
"تر ټولو ښه شی چې تاسو یې لرئ زما د درملو قیمت دی"
"the potion must be mixed with my own blood"
"دوا باید زما د وینې سره مخلوط شي"
"only this mixture makes the potion as sharp as a two-edged sword"
"یوازې دا مخلوط درمل د دوه مخي توري په څیر تیزوي"

the little mermaid tried to object to the cost
وړې مرمې هڅه وکړه چې په لګښت اعتراض وکړي
"But if you take away my voice..." said the little mermaid

"مګر که تاسو زما غږ لرې کړئ "... کوچنۍ میرمنې وویل
"if you take away my voice, what is left for me?"
"که تاسو زما غږ لرې کړئ، زما لپاره څه پاتې دي؟"
"Your beautiful form," suggested the sea witch
"ستا ښکلې بڼه، "سمندري جادوګر وړاندیز وکړ
"your graceful walk, and your expressive eyes"
"ستا په زړه پورې تګ، او ستاسو څرګندې سترګې"
"Surely, with these things you can enchain a man's heart?"
"یقینا، د دې شیانو سره تاسو کولی شئ د یو سړي زړه راښکته کړئ؟"
"Well, have you lost your courage?" the sea witch asked
"ښه، تاسو خپل جرئت له لاسه ورکړی؟ "سمندري جادوګر پوښتنه وکړه
"Put out your little tongue, so that I can cut it off"
"خپله وړه ژبه وباسه، ترڅو زه یې پرې کړم"
"then you shall have the powerful potion"
"نو تاسو به قوي درمل ولرئ"
"It shall be," said the little mermaid
"دا به وي، "کوچنۍ مرمۍ وویل

Then the witch placed her cauldron on the fire
بیا جادوګرې خپله ګیډه په اور کې واچوله
"Cleanliness is a good thing," said the sea witch
سمندري جادوګر وویل" :پاکوالی یو ښه شی دی".
she scoured the vessels for the right snake
هغې د سم مار لپاره لوښي وڅښل
all the snakes had been tied together in a large knot
ټول ماران په یو لوی غوټۍ تړل شوي وو
Then she pricked herself in the breast
بیا یې خپل ځان په سینه کې واچاوه
and she let the black blood drop into the caldron
او هغې اجازه ورکړه چې تور وینه په کالډرون کې ولویږي
The steam that rose twisted itself into horrible shapes
هغه بخار چې راپورته شو ځان یې په وحشتناک شکل بدل کړ
no person could look at the shapes without fear
هیڅوک نشي کولی د ویرې پرته شکلونو ته وګوري
Every moment the witch threw new ingredients into the vessel

هره لحظه جادوګر په لوښي کې نوي مواد اچول
finally, with everything inside, the caldron began to boil
په نهایت کې ، د دننه هرڅه سره ، کالدرون په جوش کولو پیل وکړ
there was the sound like the weeping of a crocodile
هلته د تمساح د ژړا په څېر غږ و
and at last the magic potion was ready
او په پای کې د جادو درمل چمتو شو
despite its ingredients, the potion looked like the clearest water
د دې اجزاو سره سره، درمل د پاکو اوبو په څير ښکاري
"There it is, all for you," said the witch
جادوګر وويل" :دلته دا ټول ستاسو لپاره دي".
and then she cut off the little mermaid's tongue
او بيا يې د کوچنۍ مرمۍ ژبه پرې کړه
so that the little mermaid could never again speak, nor sing again
تر څو وړه مرمۍ بيا هيڅکله خبرې ونه کړي او نه سندرې ووايي
"the polypi might try and grab you on the way out"
"پولیپي ممکن هڅه وکړي تاسو د وتلو په لاره کې ونیسي"
"if they try, throw over them a few drops of the potion"
"که دوی هڅه وکړي، د درملو یو څو څاڅکي په دوی باندې وغورځوئ"
"and their fingers will be torn into a thousand pieces"
"او د دوی ګوتې به زر ټوټې شي"
But the little mermaid had no need to do this
خو کوچنۍ مرمۍ دې کار ته اړتیا نه درلوده
the polypi sprang back in terror when they saw her
کله چې دوی هغه ولیده نو پولیپي بیرته په ویره کې راوتلی
they saw she had lost her tongue to the sea witch
دوی ولیدل چې هغې خپله ژبه د سمندر جادو ته له لاسه ورکړې وه
and they saw she was carrying the potion
او هغوی ولیدل چې هغه درمل وړي
the potion shone in her hand like a twinkling star
درمل د هغې په لاس کې د ځلیدونکي ستوري په څیر ځلیدل

So she passed quickly through the wood and the marsh
نو هغه په چټکۍ سره د لرګیو او مارش څخه تیر شو

and she passed between the rushing whirlpools
او هغه د ګرندی څپو په منځ کې تیره شوه
soon she made her way back to the palace of her father
ژر یې د خپل پلار مانی ته راستون شو
all the torches in the ballroom were extinguished
په بال روم کې تول مشعلونه اور وغورځول شول
all within the palace must now be asleep
د مانی دننه تول باید اوس ویده وي
But she did not go inside to see them
مګر هغه د دوی لیدو ته دننه نه شوه
she knew she was going to leave them forever
هغه پوهیده چې هغه به دوی د تل لپاره پریږدي
and she knew her heart would break if she saw them
او هغه پوهیده چې د هغې زړه به مات شي که چیرې هغې دوی ولیدل
she went into the garden one last time
هغه وروستی ځل باغ ته لاړه
and she took a flower from each one of her sisters
او هغې د هرې خور څخه یو ګل واخیست
and then she rose up through the dark-blue waters
او بیا هغه د تیاره نیلي اوبو له لارې راپورته شوه

## The Little Mermaid Meets the Prince
کوچنۍ مرمید د شهزاده سره لیدنه کوي

the little mermaid arrived at the prince's palace
کوچنۍ مرمۍ د شهزاده مانۍ ته ورسیږده
the sun had not yet risen from the sea
لمر لا تر اوسه له سمندر نه راپاڅېدلی نه و
and the moon shone clear and bright in the night
او سپوږمۍ په شپه کې روښانه او روښانه شوه
the little mermaid sat at the beautiful marble steps
وړه متسیره د مرمر په ښکلو ګامونو کې ناسته وه
and then the little mermaid drank the magic potion
او بیا وړې متسیرې د جادو درمل وڅښل
she felt the cut of a two-edged sword cut through her
هغې د هغې په منځ کې د دوه مخي تورې توټې احساس کړې
and she fell into a swoon, and lay like one dead
هغه بې هوښه شوه او د یو مړی په څیر پروت شوه
the sun rose from the sea and shone over the land
لمر له بحر څخه راپاڅېد او په ځمکه ځلېدل
she recovered and felt the pain from the cut
هغه روغ شو او د درد درد یې احساس کړ
but before her stood the handsome young prince
خو د هغې په وړاندې ښکلی ځوان شهزاده ولاړ و

He fixed his coal-black eyes upon the little mermaid
هغه د ډبرو سکرو تورې سترګې په کوچنۍ مرمید باندې تینګې کړې
he looked so earnestly that she cast down her eyes
هغه دومره په دقت سره وکتل چې هغې خپلې سترګې ښکته کړې
and then she became aware that her fish's tail was gone
او بیا هغه پوهه شوه چې د هغې د کب لکۍ ورکه شوې ده
she saw that she had the prettiest pair of white legs
هغې ولیدل چې تر ټولو ښکلې جوړه سپینې پښې لري
and she had tiny feet, as any little maiden would have
او هغې کوچنۍ پښې درلودې، لکه د کومې کوچنۍ انجلۍ په څیر
But, having come from the sea, she had no clothes
مګر، د سمندر څخه راغله، هغې جامې نه درلودې

so she wrapped herself in her long, thick hair
نو هغې خپل ځان په خپلو اوږدو، غټو ویښتانو کې وتړل
The prince asked her who she was and whence she came
شهزادګۍ ترې وپوښتل چې څوک يې او له کومه راغلی؟
She looked at him mildly and sorrowfully
هغې ورته په نرمی او خواشینی وکتل
but she had to answer with her deep blue eyes
مګر هغې باید د خپلو ژورو نیلي سترګو سره ځواب ووایی
because the little mermaid could not speak anymore
ځکه چې کوچنی مرمی نور خبرې نشي کولی
He took her by the hand and led her to the palace
هغه يې په لاس کې ونیوله او مانی ته يې بوتله

Every step she took was as the witch had said it would be
هر ګام چې هغې پورته کړ لکه څنګه چې جادوګر ویلي و چې دا به وي
she felt as if she were treading upon sharp knives
هغې داسې احساس کاوه لکه په تیزو چاقو باندې
She bore the pain of her wish willingly, however
که څه هم هغې د خپلې خوښې درد په خپله خوښه زغملی
and she moved at the prince's side as lightly as a bubble
او هغه د شهزاده لوري ته د بلبل په څیر په نرمی سره حرکت وکړ
all who saw her wondered at her graceful, swaying movements
تولو چا چې هغه ولیده د هغې په زړه پورې، لامبو وهلو حرکتونو ته حیران شول
She was very soon arrayed in costly robes of silk and muslin
هغه ډېر ژر د ورېښمو او ململ په قیمتي جامو کې اغوستې وه
and she was the most beautiful creature in the palace
او هغه په مانی کې تر تولو ښکلی مخلوق وه
but she appeared dumb, and could neither speak nor sing
خو هغه ګونګه ښکاریده او نه يې خبرې کولې او نه سندرې ویلې

there were beautiful female slaves, dressed in silk and gold
هلته ښکلې غلامانې وې، چې د ورېښمو او سرو زرو جامې يې اغوستې وې
they stepped forward and sang in front of the royal family

دوی مخکې لاړل او د شاهي کورنی مخې ته يې سندرې وويلې
each slave could sing better than the next one
هر غلام کولی شي د راتلونکي څخه غوره سندرې ووايی
and the prince clapped his hands and smiled at her
او شهزاده خپل لاسونه تاو کړل او ورته وخندل
This was a great sorrow to the little mermaid
دا د کوچني مرمی لپاره لوی غم و
she knew how much more sweetly she was able to sing
هغه پوهیده چې څومره په خوږه سندره ویلای شي
"if only he knew I have given away my voice to be with him!"
"که یوازې هغه پوهیده چې ما خپل غږ له هغه سره ورکړ"!

there was music being played by an orchestra
هلته د ارکستر لخوا موسيقي غږول کيده
and the slaves performed some pretty, fairy-like dances
او غلامانو یو څه ښایسته، د پریو په څیر نڅا ترسره کړه
Then the little mermaid raised her lovely white arms
بیا کوچنی مرمی خپلې ښکلې سپینې لاسونه پورته کړل
she stood on the tips of her toes like a ballerina
هغه د بالرينا په څیر د خپلو ګوتو په لارښوونو ولاړه وه
and she glided over the floor like a bird over water
او هغه په فرش باندې لکه د مرغی په څیر په اوبو باندې لامبو وهله
and she danced as no one yet had been able to dance
او هغې داسې نڅا وکړه چې تر اوسه چا نڅا نه وه کړې
At each moment her beauty was more revealed
هره شیبه د هغې ښکلا نوره هم څرګنده شوه
most appealing of all, to the heart, were her expressive eyes
تر ټولو زړه پورې، زړه ته، د هغې څرګندې سترګې وې
Everyone was enchanted by her, especially the prince
هرڅوک د هغې لخوا په زړه پورې و، په ځانګړې توګه شهزاده
the prince called her his deaf little foundling
شهزاده هغې ته خپله کانه کوچنی ښستګره وبلله
and she happily continued to dance, to please the prince
او هغې په خوښی سره نڅا ته دوام ورکړ، ترڅو شهزاده خوشحاله کړي

but we must remember the pain she endured for his pleasure
مګر موږ باید هغه درد په یاد ولرو چې هغې د هغه د خوښۍ لپاره زغملی
every step on the floor felt as if she trod on sharp knives
په فرش باندې هر ګام داسې احساس کاوه لکه څنګه چې هغې په تیزو چاقو تیریږي

The prince said she should remain with him always
شهزاده وویل چې هغه باید تل د هغه سره پاتې شي
and she was given permission to sleep at his door
او هغې ته د هغه په دروازه کې د خوب کولو اجازه ورکړل شوه
they brought a velvet cushion for her to lie on
دوی د هغې لپاره د مخمل کشن راوړی چې پروت وي
and the prince had a page's dress made for her
او شهزاده د هغې لپاره د پاڼې جامې جوړې کړې وې
this way she could accompany him on horseback
په دې توګه هغه کولی شي په آس باندې د هغه سره یوځای شي
They rode together through the sweet-scented woods
دوی د خوږو بوی لرونکو لرګیو له لارې یوځای سپاره شول
in the woods the green branches touched their shoulders
په ځنګلونو کې شنو څانګو د دوی اوږو ته لاس کړ
and the little birds sang among the fresh leaves
او وړو مرغانو د تازه پاڼو په منځ کې سندرې ویلې
She climbed with him to the tops of high mountains
هغه د هغه سره د لوړو غرونو سرونو ته پورته شوه
and although her tender feet bled, she only smiled
او که څه هم د هغې نرمې پښې وینې شوې، هغې یوازې موسکا وکړه
she followed him till the clouds were beneath them
تر هغه پورې چې وریځې د دوی لاندې وې هغه یې تعقیب کړه
like a flock of birds flying to distant lands
لکه د مرغانو رمې چې لرې ځمکې ته الوتنه کوي

when all were asleep she sat on the broad marble steps
کله چې ټول ویده شول هغه د مرمر په پراخو ګامونو کې ناسته وه
it eased her burning feet to bathe them in the cold water

د هغې سوځيدلې پښې يې اسانه کړې ترڅو په سړو اوبو کې يې غسل کړي
**It was then that she thought of all those in the sea**
دا هغه وخت و چې هغې په سمندر کې د ټولو خلکو په اړه فکر وکړ
**Once, during the night, her sisters came up, arm in arm**
يو ځل، د شپې په اوږدو کې، د هغې خويندې راوتلې، په لاس کې يې لاسونه
**they sang sorrowfully as they floated on the water**
دوی په خواشينۍ سره سندرې ويلې لکه څنګه چې دوی په اوبو کې تيريدل
**She beckoned to them, and they recognized her**
هغې هغوی ته اشاره وکړه، او دوی يې وپيژندل
**they told her how they had grieved their youngest sister**
دوی ورته وويل چې دوی څنګه د خپلې کوچنۍ خور غمجنې کړې
**after that, they came to the same place every night**
له هغې وروسته، دوی هره شپه ورته ځای ته راتلل
**Once she saw in the distance her old grandmother**
يو ځل يې په لرې واټن کې خپله پخوانۍ انا وليده
**she had not been to the surface of the sea for many years**
هغه د ډيرو کلونو لپاره د سمندر سطحې ته نه وه تللې
**and the old Sea King, her father, with his crown on his head**
او د سمندر زوړ پاچا، د هغې پلار، د هغه تاج په سر کې
**he too came to where she could see him**
هغه هم هغه ځای ته راغله چې هغې يې ليدلی و
**They stretched out their hands towards her**
دوی خپل لاسونه د هغې په لور وغځول
**but they did not venture as near the land as her sisters**
مګر دوی د هغې خويندو په څير ځمکې ته نږدې نه و

**As the days passed she loved the prince more dearly**
لکه څنګه چې ورځې تيرې شوې هغې د شهزاده سره ډيره مينه درلوده
**and he loved her as one would love a little child**
او هغه د هغې سره داسې مينه درلوده لکه يو څوک چې د کوچني ماشوم سره مينه لري
**The thought never came to him to make her his wife**
دا فکر هيڅکله هم نه دی راغلی چې هغه خپله ښځه کړي

but, unless he married her, her wish would never come true
مګر، که هغه له هغې سره واده وکړي، د هغې هیله به هیڅکله پوره نشي
unless he married her she could not receive an immortal soul
پرته لدې چې هغه له هغې سره واده وکړي هغه نشي کولی تل پاتې روح ترلاسه کړي
and if he married another her dreams would shatter
او که هغه بل واده وکړ د هغې خوبونه به مات شي
on the morning after his marriage she would dissolve
د واده نه وروسته په سهار کې به هغه منحل شي
and the little mermaid would become the foam of the sea
او وړه مرمیډ به د سمندر ځګ شي

the prince took the little mermaid in his arms
شهزاده وړه مرمی په غېږ کې ونیوله
and he kissed her on her forehead
او د هغې په تندی یې ښکل کړ
with her eyes she tried to ask him
په خپلو سترګو یې هڅه وکړه چې ترې پوښتنه وکړي
"Do you not love me the most of them all?"
"ایا ته له ما سره تر ټولو ډیره مینه نه لرې؟"
"Yes, you are dear to me," said the prince
شهزاده وویل :هو، ته ماته ګران یې
"because you have the best heart"
"ځکه چې تاسو غوره زړه لرئ"
"and you are the most devoted to me"
"او تاسو زما لپاره خورا وفادار یاست"
"You are like a young maiden whom I once saw"
"تاسو د یوې ځوانې انجلۍ په څیر یاست چې ما یو ځل ولیدل"
"but I shall never meet this young maiden again"
"مګر زه به بیا هیڅکله له دې ځوان سره ونه وینم"
"I was in a ship that was wrecked"
"زه په یوه کښتۍ کې وم چې ډوبه شوې وه"
"and the waves cast me ashore near a holy temple"
"او څپې ما د یو مقدس معبد ته نږدې ساحل ته ورساوه"
"at the temple several young maidens performed the service"
"په معبد کې څو ځوانو انجونو خدمت ترسره کړ"

"The youngest maiden found me on the shore"
"تر تولو ځوانه انجلۍ ما په ساحل کې وموندله"
"and the youngest of the maidens saved my life"
"او تر تولو ځوان زما ژوند وژغوره"
"I saw her but twice," he explained
هغه څرګنده کړه": ما هغه ولیده مګر دوه ځله".
"and she is the only one in the world whom I could love"
"او هغه په نړۍ کې یوازینۍ ده چې زه یې مینه کولی شم"
"But you are like her," he reassured the little mermaid
"مګر تاسو د هغې په څیر یاست ، "هغه کوچنۍ میرمنې ته ډاډ ورکړ
"and you have almost driven her image from my mind"
"او تاسو تقریبا د هغې عکس زما له ذهن څخه ایستلی دی"
"She belongs to the holy temple"
"هغه د مقدس معبد سره تړاو لري"
"good fortune has sent you instead of her to me"
"ښه بخت د هغې پر ځای ما ته رالیږلی دی"
"We will never part," he comforted the little mermaid
"موږ به هیڅکله برخه وانخلو ، "هغه کوچنۍ مرمید ته تسلیت ورکړ

but the little mermaid could not help but sigh
خو وړې مرمې ونشوای کولای مرسته وکړي مګر ساه یې ورکړه
"he knows not that it was I who saved his life"
"هغه نه پوهیږي چې دا زه وم چې د هغه ژوند یې وژغوره"
"I carried him over the sea to where the temple stands"
"ما هغه د بحر څخه پورته کړ چیرې چې معبد ولاړ دی"
"I sat beneath the foam till the human came to help him"
"زه د فوم لاندې ناست وم تر څو چې انسان د هغه سره مرسته وکړي"
"I saw the pretty maiden that he loves"
"ما هغه ښکلې انجلۍ ولیده چې هغه یې خوښوي"
"the pretty maiden that he loves more than me"
"هغه ښکلې انجلۍ چې هغه زما څخه ډیره مینه لري"
The mermaid sighed deeply, but she could not weep
مرمۍ ژوره ساه واخیسته، خو ژړا یې نشوای کولی
"He says the maiden belongs to the holy temple"
"هغه وایي چې انجلۍ د مقدس معبد پورې اړه لري"
"therefore she will never return to the world"

"له دې امله هغه به هیڅکله نړی ته راستون نشي"

"they will meet no more," the little mermaid hoped

"دوی به نور ونه ویني، "وړې مرمۍ هیله وکړه

"I am by his side and see him every day"

"زه د هغه تر څنګ یم او هره ورځ یې ګورم"

"I will take care of him, and love him"

"زه به د هغه پاملرنه وکړم، او له هغه سره به مینه وکړم"

"and I will give up my life for his sake"

"او زه به د هغه په خاطر خپل ژوند پریږدم"

## The Day of the Wedding
## د واده ورځ

**Very soon it was said that the prince was going to marry**
ډیر ژر وویل شول چې شهزاده به واده وکړي
**there was the beautiful daughter of a neighbouring king**
هلته د یوه ګاونډي پاچا ښکلې لور وه
**it was said that she would be his wife**
ویل کېږي چې هغه به د هغه میرمن وي
**for the occasion a fine ship was being fitted out**
د دې موقع لپاره یوه ښه بیړۍ جوړه شوې وه
**the prince said he intended only to visit the king**
شهزاده وویل چې هغه یوازې د پاچا سره د لیدو اراده لري
**they thought he was only going so as to meet the princess**
دوی فکر کاوه چې هغه یوازې د شهزادګۍ سره د لیدو لپاره ځي
**The little mermaid smiled and shook her head**
وړې مرمۍ وخندل او سر یې وخوځاوه
**She knew the prince's thoughts better than the others**
هغه د شهزاده په افکارو د نورو په پرتله ښه پوهیده

**"I must travel," he had said to her**
"زه باید سفر وکړم، "هغه ورته وویل
**"I must see this beautiful princess"**
"زه باید دا ښکلې شهزادګۍ وګورم"
**"My parents want me to go and see her"**
"زما مور او پلار غواړي چې لاړ شم او هغه وګورم"
**"but they will not oblige me to bring her home as my bride"**
"مګر دوی به ما مجبور نه کړي چې هغه زما د ناوې په توګه کور ته راوړي"
**"you know that I cannot love her"**
"تاسو پوهیږئ چې زه د هغې سره مینه نشم کولی"
**"because she is not like the beautiful maiden in the temple"**
"ځکه چې هغه په مندر کې د ښکلې انجلۍ په څیر نه ده"
**"the beautiful maiden whom you resemble"**
"هغه ښکلې انجلۍ چې تاسو ورته ورته یاست"
**"If I were forced to choose a bride, I would choose you"**

"که زه مجبور وم چې ناوې غوره کړم، زه به تاسو غوره کړم"
"my deaf foundling, with those expressive eyes"
"زما کانه ملا، د دې څرګندو سترګو سره"
Then he kissed her rosy mouth
بیا یې د هغې ګلابي خوله ښکل کړه
and he played with her long, waving hair
او هغه د هغې له اوږدو، ویښتانو سره لوبې کولې
and he laid his head on her heart
او خپل سر یې د هغې په زړه کېښود
she dreamed of human happiness and an immortal soul
هغې د انسان د خوښۍ او د تل پاتې روح خوبونه لیدل

they stood on the deck of the noble ship
دوی د عالي کشتۍ په تخته کې ودرېدل
"You are not afraid of the sea, are you?" he said
"تاسو د سمندر نه دارېږئ، ایا تاسو؟ "هغه وویل
the ship was to carry them to the neighbouring country
کښتۍ باید دوی ګاونډي هیواد ته انتقال کړي
Then he told her of storms and of calms
بیا یې هغې ته د طوفانونو او آرامۍ په اړه وویل
he told her of strange fishes deep beneath the water
هغه ورته د اوبو لاندې د عجیب کبانو په اړه وویل
and he told her of what the divers had seen there
او هغه هغې ته هغه څه وویل چې غوطه کونکو هلته لیدلي وو
She smiled at his descriptions, slightly amused
هغې د هغه په توضیحاتو وخندل ، یو څه خوښ شو
she knew better what wonders were at the bottom of the sea
هغه ښه پوهیده چې د سمندر په ښکته کې څه حیرانتیاوې دي

the little mermaid sat on the deck at moonlight
وړه مرمید د سپوږمۍ په رڼا کې په ډیک کې ناست و
all on board were asleep, except the man at the helm
په کښتۍ کې سپاره ټول ویده وو، پرته له هغه سړي چې په سر کې و
and she gazed down through the clear water
او هغې د پاکو اوبو له لارې ښکته وکتل
She thought she could distinguish her father's castle

هغې فکر کاوه چې د خپل پلار د کلا توپیر کولی شي
and in the castle she could see her aged grandmother
او په کلا کې هغې خپلې بوډا انا لیدلې
Then her sisters came out of the waves
بیا د هغې خویندې د څپو څخه راووتلې
and they gazed at their sister mournfully
او خپلې خور ته یې په ژړا وکتل
She beckoned to her sisters, and smiled
هغې خپلو خویندو ته اشاره وکړه، او وخندل
she wanted to tell them how happy and well off she was
هغې غوښتل دوی ته ووایي چې څومره خوشحاله او ښه ده
But the cabin boy approached and her sisters dived down
مګر د کیبن هلک نږدې شو او د هغې خویندې ښکته شوې
he thought what he saw was the foam of the sea
هغه فکر کاوه چې هغه څه چې لیدلي د سمندر ځګ دی

The next morning the ship got into the harbour
بل سهار کښتۍ بندر ته ورسیده
they had arrived in a beautiful coastal town
دوی یو ښکلي ساحلي ښار ته رسیدلي وو
on their arrival they were greeted by church bells
د دوی په راتګ سره د کلیسا د زنګونو لخوا ښه راغلاست وو
and from the high towers sounded a flourish of trumpets
او د لوړو برجونو څخه د سوري غږونه اوریدل
soldiers lined the roads through which they passed
عسکرو هغه سړکونه ودرول چې له هغې څخه تېر شول
Soldiers, with flying colors and glittering bayonets
عسکر، د الوتونکو رنګونو او روښانه بایونټ سره
Every day that they were there there was a festival
هره ورځ چې دوی هلته تلل یو جشن و
balls and entertainments were organised for the event
د غونډې لپاره بالونه او تفریحات تنظیم شوي وو
But the princess had not yet made her appearance
خو شهزادګۍ تر اوسه خپله بڼه نه وه ښکاره کړې
she had been brought up and educated in a religious house
هغه په یوه دیني کور کې لوی شوی او زده کړې یې کړې وې

she was learning every royal virtue of a princess
هغې د شهزادګۍ هر شاهي فضیلت زده کاوه

At last, the princess made her royal appearance
په پای کې، شهزادګۍ خپله شاهي بڼه وکړه
The little mermaid was anxious to see her
وړه مرمۍ د هغې لیدو ته اندیښمنه وه
she had to know whether she really was beautiful
هغه باید پوه شي چې آیا هغه واقعیا ښکلې وه
and she was obliged to admit she really was beautiful
او هغه مجبوره وه چې اعتراف وکړي چې هغه واقعیا ښکلې وه
she had never seen a more perfect vision of beauty
هغې هیڅکله د ښکلا ډیر بشپړ لید نه و لیدلی
Her skin was delicately fair
د هغې پوټکی په نازک ډول عادلانه و
and her laughing blue eyes shone with truth and purity
او د هغې خندا نیلي سترګې د حقیقت او پاکوالي سره روښانه شوې
"It was you," said the prince
شهزاده وویل" :دا تاسو یاست".
"you saved my life when I lay as if dead on the beach"
"تا زما ژوند وژغوره کله چې زه په ساحل کې مړ وم"
"and he held his blushing bride in his arms"
"او هغه خپله شرمېدلې ناوې په غیږ کې ونیوله"

"Oh, I am too happy!" said he to the little mermaid
"هو، زه ډیر خوشحاله یم "!هغه کوچنۍ مرمۍ ته وویل
"my fondest hopes are now fulfilled"
"زما د خوښې هیلې اوس پوره شوې"
"You will rejoice at my happiness"
"تاسو به زما په خوښۍ خوشحاله شئ"
"because your devotion to me is great and sincere"
"ځکه چې زما لپاره ستاسو عقیده لویه او صادقه ده"
The little mermaid kissed the prince's hand
وړې مرمۍ د شهزاده لاس ښکل کړ
and she felt as if her heart were already broken
او هغې داسې احساس کړه لکه د هغې زړه لا دمخه مات شوی و

the morning of his wedding was going to bring death to her
د هغه د واده سهار به هغې ته مرګ راوړي
she knew she was to become the foam of the sea
هغه پوهیده چې هغه به د سمندر ځګ شي

the sound of the church bells rang through the town
د کلیسا د زنګونو غږ د ښار په اوږدو کې راپورته شو
the heralds rode through the town proclaiming the betrothal
خبر ورکوونکي د ښار په اوږدو کې د واده کولو اعلان وکړ
Perfumed oil was burned in silver lamps on every altar
په هره قربانګاه باندې د سپینو زرو په څراغونو کې خوشبويي تېل وسوځول شول
The priests waved the censers over the couple
کاهنانو په جوړه باندې سنګرونه ولګول
and the bride and the bridegroom joined their hands
او ناوې او ناوي خپل لاسونه سره يوځای کړل
and they received the blessing of the bishop
او دوی د بشپ برکت ترلاسه کړ
The little mermaid was dressed in silk and gold
وړې مرمۍ د وريښمو او سرو زرو جامې اغوستې وې
she held up the bride's dress, in great pain
هغې د ناوې جامې په ډیر درد کې ونیولې
but her ears heard nothing of the festive music
خو د هغې غوږونو د میلې موسیقي نه اوریدله
and her eyes saw not the holy ceremony
او د هغې سترګو مقدس مراسم ونه لید
She thought of the night of death coming to her
هغې د مرګ د شپې په اړه فکر کاوه
and she mourned for all she had lost in the world
او هغه د هغه څه لپاره چې هغې په نړۍ کې له لاسه ورکړې وه ماتم وکړ

that evening the bride and bridegroom boarded the ship
هغه ماښام ناوې او ناوي په کښتۍ کې سپاره شول
the ship's cannons were roaring to celebrate the event
د کښتۍ توپونه د پیښې د لمانځلو لپاره په ژړا شول
and all the flags of the kingdom were waving

او د سلطنت ټول بیرغونه ځوړند وو
in the centre of the ship a tent had been erected
د کښتۍ په مرکز کې یوه خیمه جوړه شوې وه
in the tent were the sleeping couches for the newlyweds
په خیمه کې د نوي واده شوي لپاره د خوب تختونه وو
the winds were favourable for navigating the calm sea
بادونه د آرام سمندر د تګ راتګ لپاره مناسب وو
and the ship glided as smoothly as the birds of the sky
او کشتۍ د اسمان د مرغانو په څیر په اسانۍ سره حرکت کاوه

When it grew dark, a number of colored lamps were lighted
کله چې تیاره شوه، یو شمیر رنګارنګ څراغونه روښانه شول
the sailors and royal family danced merrily on the deck
ملایانو او شاهي کورنۍ په ډیک کې په خوښۍ سره نڅا کوله
The little mermaid could not help thinking of her birthday
کوچنۍ مرمۍ نشي کولی د هغې د کلیزې په فکر کې مرسته وکړي
the day that she rose out of the sea for the first time
هغه ورځ چې هغه د لومړي ځل لپاره له سمندر څخه راپورته شوه
similar joyful festivities were celebrated on that day
په همدې ورځ د خوښۍ جشنونه ولمانځل شول
she thought about the wonder and hope she felt that day
هغې د حیرانتیا او امید په اړه فکر وکړ چې هغه ورځ یې احساس کړه
with those pleasant memories, she too joined in the dance
د دې خوندورو یادونو سره، هغه هم په نڅا کې شامله شوه
on her paining feet, she poised herself in the air
د هغې په دردناکو پښو کې، هغې ځان په هوا کې ایښی و
the way a swallow poises itself when in pursued of prey
هغه طریقه چې د ښکار په تعقیب کې یو تیر ځان ځان ته رسوي
the sailors and the servants cheered her wonderingly
ملایانو او نوکرانو په حیرانتیا سره هغه خوشحاله کړه
She had never danced so gracefully before
هغې مخکې هیڅکله دومره په زړه پورې نڅا نه وه کړې
Her tender feet felt as if cut with sharp knives
د هغې نرمې پښې داسې احساس شوې لکه په تیز چاقو سره پرې شوې
but she cared little for the pain of her feet
خو هغې د پښو درد ته لږ پام کاوه

there was a much sharper pain piercing her heart
د هغې زړه ته يو ډېر تيز درد و

She knew this was the last evening she would ever see him
هغه پوهيده چې دا وروستی ماښام و چې هغه به کله هم ورسره وګوري
the prince for whom she had forsaken her kindred and home
هغه شهزاده چې د هغې لپاره يې خپل کور او کورنۍ پريښوده
She had given up her beautiful voice for him
هغې خپل ښکلی غږ د هغه لپاره پريښود
and every day she had suffered unheard-of pain for him
او هره ورځ به يې د هغه لپاره نه اوريدل شوي دردونه زغمل
she suffered all this, while he knew nothing of her pain
هغې دا ټول درد وکړ، په داسې حال کې چې هغه د هغې درد نه پوهيده
it was the last evening she would breath the same air as him
دا وروستی ماښام و چې هغې به د هغه په څير ورته هوا تنفس کړي
it was the last evening she would gaze on the same starry sky
دا وروستی ماښام و چې هغې به ورته ستوري اسمان ته وکتل
it was the last evening she would gaze into the deep sea
دا وروستی ماښام و چې هغې به ژور سمندر ته وکتل
it was the last evening she would gaze into the eternal night
دا وروستی ماښام و چې هغې به ابدي شپې ته وکتل
an eternal night without thoughts or dreams awaited her
يوه ابدي شپه پرته له فکرونو او خوبونو هغې ته انتظار باسي
She was born without a soul, and now she could never win one
هغه پرته له روح څخه زيږيدلې وه، او اوس هغه هيڅکله نشي ګټلی

All was joy and gaiety on the ship until long after midnight
د شپې تر ناوخته پورې په کښتۍ کې ټول خوښي او خوښي وه
She smiled and danced with the others on the royal ship
هغې په شاهي کښتۍ کې د نورو سره موسکا وکړه او نڅا وکړه
but she danced while the thought of death was in her heart
مګر هغې نڅا کوله پداسې حال کې چې د مرګ فکر يې په زړه کې و
she had to watch the prince dance with the princess
هغې بايد د شهزادګۍ سره د شهزادګۍ نڅا ليدله

**she had to watch when the prince kissed his beautiful bride**
**هغه باید وګوري کله چې شهزاده خپله ښکلې ناوې ښکل کړه**
**she had to watch her play with the prince's raven hair**
**هغه باید د شهزاده د ریون ویښتو سره خپله لوبه وګوري**
**and she had to watch them enter the tent, arm in arm**
**او هغې باید دوی وګوري چې خیمې ته ننوځي، په لاس کې**

## After the Wedding
## د واده وروسته

**After they had gone all became still on board the ship**
وروسته له دې چې دوی لاړل ټول په کښتۍ کې پاتې شول
**only the pilot, who stood at the helm, was still awake**
یوازې پیلوټ، چې په سر کې ولاړ و، لا هم ویښ و
**The little mermaid leaned on the edge of the vessel**
وړې مرمۍ د لوښي په څنده تکیه وکړه
**she looked towards the east for the first blush of morning**
هغې د سهار د لومړي ځل لپاره ختیځ ته وکتل
**the first ray of the dawn, which was to be her death**
د سهار لومړۍ وړانګه، چې د هغې مړینه وه
**from far away she saw her sisters rising out of the sea**
له لرې څخه هغې خپلې خویندې ولیدې چې له سمندر څخه راپورته شوې
**They were as pale with fear as she was**
دوی د هغې په څیر په ویره کې رنګ شوي وو
**but their beautiful hair no longer waved in the wind**
مګر د دوی ښکلي ویښتان نور په باد کې ځپې ندي
**"We have given our hair to the witch," said they**
دوی وویل" :موږ خپل ویښتان جادوګر ته ورکړي دي".
**"so that you do not have to die tonight"**
"تر څو تاسو نن شپه مړ نه شئ"
**"for our hair we have obtained this knife"**
"زموږ د ویښتو لپاره موږ دا چاقو ترلاسه کړې"
**"Before the sun rises you must use this knife"**
"مخکې له دې چې لمر لویږي تاسو باید دا چاقو وکاروئ"
**"you must plunge the knife into the heart of the prince"**
"تاسو باید چاقو د شهزاده زړه ته واچوئ"
**"the warm blood of the prince must fall upon your feet"**
"د شهزاده ګرمه وینه باید ستاسو په پښو راشي"
**"and then your feet will grow together again"**
"او بیا به ستاسو پښې یوځای وده وکړي"
**"where you have legs you will have a fish's tail again"**
"چیرته چې تاسو پښې لرئ تاسو به بیا د کب لکۍ ولرئ"

"and where you were human you will once more be a mermaid"

"او چیرې چې تاسو انسان یاست تاسو به یو ځل بیا متسیان شئ"

"then you can return to live with us, under the sea"

"بیا تاسو کولی شئ د سمندر لاندې زموږ سره ژوند کولو ته راستون شئ".

"and you will be given your three hundred years of a mermaid"

"او تاسو ته به ستاسو درې سوه کلنه مرمی درکړل شي"

"and only then will you be changed into the salty sea foam"

"او یوازې بیا به تاسو په مالګین سمندري فوم بدل شئ"

"Haste, then; either he or you must die before sunrise"

"بیړه وکړئ، نو هغه یا ته باید د لمر له لوېدو مخکې مړ شي"

"our old grandmother mourns for you day and night"

"زموږ پخوانی انا شپه او ورځ ستاسو لپاره ماتم کوي"

"her white hair is falling out"

"د هغې سپین ویښتان راوتلي"

"just as our hair fell under the witch's scissors"

"لکه څنګه چې زموږ ویښتان د جادو قینچی لاندې راوتلي"

"Kill the prince, and come back," they begged her

"شهزاده ووژنئ، او بیرته راشئ، "دوی هغې ته بخښنه وکړه

"Do you not see the first red streaks in the sky?"

"ایا تاسو په اسمان کې لومړی سور لیکونه نه ګورئ؟"

"In a few minutes the sun will rise, and you will die"

"په څو دقیقو کې به لمر راپورته شي ، او تاسو به مړ شئ"

having done their best, her sisters sighed deeply

د دوی تر ټولو ښه کار کولو سره، د هغې خویندو ژوره ساه واخیستله

mournfully her sisters sank back beneath the waves

په ماتم سره د هغې خویندې بیرته د څپو لاندې ډوبې شوې

and the little mermaid was left with the knife in her hands

او وړه مرمی په لاسونو کې چاقو سره پاتې شوه

she drew back the crimson curtain of the tent

هغې د خیمې سور رنګه پرده بیرته راښکته کړه

and in the tent she saw the beautiful bride

او په خیمه کې هغې ښکلې ناوې ولیده

her face was resting on the prince's breast
د هغې مخ د شهزاده په سینه کې پروت و
and then the little mermaid looked at the sky
او بیا وړوکي مرمۍ اسمان ته وکتل
on the horizon the rosy dawn grew brighter and brighter
په افق کې ګلابي سهار روښانه او روښانه وده وکړه
She glanced at the sharp knife in her hands
هغې په لاسونو کې تیز چاقو ته وکتل
and again she fixed her eyes on the prince
او بیا یې په شهزاده سترګې پټې کړې
She bent down and kissed his noble brow
هغې راښکته کړه او د هغه سپیڅلي مخ یې ښکل کړ
he whispered the name of his bride in his dreams
هغه په خپلو خوبونو کې د خپلې ناوې نوم په ژړا کاوه
he was dreaming of the princess he had married
هغه د هغې شهزادګۍ خوب لیدل چې واده یې کړی و
the knife trembled in the hand of the little mermaid
چاقو د وړې مرمۍ په لاس کې لړزېده
but she flung the knife far into the sea
خو هغې چاقو لرې سمندر ته وغورځاوه

where the knife fell the water turned red
چرته چې چاقو ولوېده اوبه سورې شوې
the drops that spurted up looked like blood
څاڅکي چې راوتلي د وینې په څیر ښکاري
She cast one last look upon the prince she loved
هغې یو وروستی نظر هغه شهزاده ته واچاوه چې هغه یې خوښوي
the sun pierced the sky with its golden arrows
لمر آسمان په خپلو طلایی تیرونو سور کړ
and she threw herself from the ship into the sea
او هغې خپل ځان له کښتۍ څخه سمندر ته وغورځاوه
the little mermaid felt her body dissolving into foam
کوچنۍ مرمۍ د هغې بدن په فوم کې منحل احساس کړ
and all that rose to the surface were bubbles of air
او ټول هغه څه چې سطحې ته پورته شول د هوا بلبلونه وو
the sun's warm rays fell upon the cold foam

د لمر ګرمي وړانګې په ساړه فوم باندې راوتلې
but she did not feel as if she were dying
مګر هغې داسې احساس نه کاوه چې هغه مړه کيږي
in a strange way she felt the warmth of the bright sun
په عجيب ډول هغې د روښانه لمر تودوخه احساس کړه
she saw hundreds of beautiful transparent creatures
هغې په سلګونو ښکلې شفاف مخلوقات وليدل
the creatures were floating all around her
مخلوقات د هغې په شاوخوا کې تيريدل
through the creatures she could see the white sails of the ships
د مخلوقاتو له لارې هغې د کښتيو سپينې بيرۍ ليدلې
and between the sails of the ships she saw the red clouds in the sky
او د کښتيو د کښتيو په مينځ کې هغې په اسمان کې سور وريځې وليدلې
Their speech was melodious and childlike
د دوی خبرې خوږې او د ماشومانو په څېر وې
but their speech could not be heard by mortal ears
مګر د دوی خبرې د مرګ په غوږونو اوريدل کيدی نشي
nor could their bodies be seen by mortal eyes
او نه د دوی جسدونه د مړو سترګو ليدل کيدی شي
The little mermaid perceived that she was like them
وړې مرمۍ پوهيده چې هغه د دوی په څير ده
and she felt that she was rising higher and higher
او هغې احساس وکړ چې هغه لوړ او لوړيږي
"Where am I?" asked she, and her voice sounded ethereal
"زه چيرته يم؟ "له هغې وپوښتل شو، او د هغې غږ په زړه پورې شو
there is no earthly music that could imitate her
هيڅ د ځمکې موسيقي شتون نلري چې د هغې تقليد وکړي
"you are among the daughters of the air," answered one of them
"تاسو د هوا له لونو څخه ياست، "يو يې ځواب ورکړ
"A mermaid has not an immortal soul"
"يوه مرميډ ابدی روح نه لري"
"nor can mermaids obtain immortal souls"
"نه هم مرميډز تل پاتې روحونه ترلاسه کولی شي"

"unless she wins the love of a human being"

"تر هغه چې هغه د انسان مينه وګټي"

"on the will of another hangs her eternal destiny"

"د بل په اراده د هغې ابدي تقدير ځړول کيږي"

"like you, we do not have immortal souls either"

"ستاسو په څير، موږ هم تل پاتې روحونه نه لرو"

"but we can obtain an immortal soul by our deeds"

"مګر موږ کولی شو د خپلو اعمالو په واسطه يو ابدي روح ترلاسه کړو"

"We fly to warm countries and cool the sultry air"

"موږ ګرمو هيوادونو ته الوتنه کوو او خوندوره هوا سړه کوو"

"the heat that destroys mankind with pestilence"

"هغه تودوخه چې انسانان په ناروغۍ اخته کوي"

"We carry the perfume of the flowers"

"موږ د ګلونو عطر اخلو"

"and we spread health and restoration"

"او موږ روغتيا او بيا رغونه خپروو"

"for three hundred years we travel the world like this"

"د دريو سوو کلونو لپاره موږ د نړۍ په څير سفر کوو"

"in that time we strive to do all the good in our power"

"په هغه وخت کې موږ هڅه کوو چې په خپل ځواک کې ټول ښه کار وکړو"

"if we succeed we receive an immortal soul"

"که موږ بريالي شو موږ يو ابدي روح ترلاسه کوو"

"and then we too take part in the happiness of mankind"

"او بيا موږ هم د انسانيت په خوښۍ کې برخه واخلو"

"You, poor little mermaid, have done your best"

"تاسو، بې وزله کوچنۍ مرمۍ، خپل ښه کار کړی دی"

"you have tried with your whole heart to do as we are doing"

"تاسو په خپل ټول زړه سره هڅه کړې چې هغه څه وکړو لکه څنګه چې موږ کوو"

"You have suffered and endured an enormous pain"

"تاسو يو لوی درد زغملی او برداشت کړی دی"

"by your good deeds you raised yourself to the spirit world"

"د خپلو نيکونو په واسطه تاسو خپل ځان د روح نړۍ ته پورته کړ"

"and now you will live alongside us for three hundred years"

"او اوس به تاسو درې سوه کاله زموږ تر څنګ ژوند کوئ"
"by striving like us, you may obtain an immortal soul"
"زموږ په څير هڅه کولو سره، تاسو کولی شئ يو ابدي روح ترلاسه کړئ"
The little mermaid lifted her glorified eyes toward the sun
وړې مرمۍ خپلې سپېڅلې سترګې د لمر په لور پورته کړې
for the first time, she felt her eyes filling with tears
د لومړي ځل لپاره، هغې د هغې سترګې له اوښکو ډکې احساس کړې

On the ship she had left there was life and noise
په هغه کښتۍ کې چې هغې پرېښوده هلته ژوند او شور و
she saw the prince and his beautiful bride searching for her
هغې وليدل چې شهزاده او د هغه ښکلې ناوې د هغې په لټه کې دي
Sorrowfully, they gazed at the pearly foam
په خواشينۍ سره، دوی د موتی فوم ته وکتل
it was as if they knew she had thrown herself into the waves
دا داسې وه لکه دوی پوهيدل چې هغې ځان په څپو کې اچولی و
Unseen, she kissed the forehead of the bride
ناڅاپه يې د ناوې پر تندي ښکل کړ
and then she rose with the other children of the air
او بيا هغه د هوا له نورو ماشومانو سره راپورته شوه
together they went to a rosy cloud that floated above
دوی يوځای يو ګلابي وريځې ته لاړل چې پورته تيريږي

"After three hundred years," one of them started explaining
"درې سوه کاله وروسته، "يو يې تشريح پيل کړه
"then we shall float into the kingdom of heaven," said she
هغې وويل" :بيا به موږ د آسمان په سلطنت کې تير کړو".
"And we may even get there sooner," whispered a companion
"او موږ ممکن حتی ژر هلته ورسيږو ، "يو ملګري په غوسه وويل
"Unseen we can enter the houses where there are children"
"نه ليدل کيږي موږ کولی شو هغه کورونو ته ننوځو چې ماشومان پکې وي"
"in some of the houses we find good children"
"په ځينو کورونو کې موږ ښه ماشومان پيدا کوو"

"these children are the joy of their parents"

"دا ماشومان د خپلو والدينو خوښي دي"

"and these children deserve the love of their parents"

"او دا ماشومان د خپلو والدينو د مينې مستحق دي"

"such children shorten the time of our probation"

"داسې ماشومان زموږ د آزموينې وخت لنډوي"

"The child does not know when we fly through the room"

"ماشوم نه پوهيږي کله چې موږ د خونې له لارې پرواز کوو"

"and they don't know that we smile with joy at their good conduct"

"او دوی نه پوهيږي چې موږ د دوی په ښه چلند په خوښۍ موسکا کوو"

"because then our judgement comes one day sooner"

"ځکه چې بيا زموږ قضاوت يوه ورځ ژر راځي"

"But we see naughty and wicked children too"

"مګر موږ شرارتي او بدکاره ماشومان هم وينو"

"when we see such children we shed tears of sorrow"

"کله چې موږ دا ډول ماشومان ګورو موږ د غم اوښکې تويوو"

"and for every tear we shed a day is added to our time"

"او د هرې اوښکې لپاره چې موږ يې تويولو يوه ورځ زموږ په وخت کې اضافه کيږي"

www.tranzlaty.com

www.ingramcontent.com/pod-product-compliance
Lightning Source LLC
Chambersburg PA
CBHW012008090526
44590CB00026B/3927
*9781835669594*